史跡は語る

教科書が伝えない歴史考察

武蔵国（埼玉）編

渡辺惣樹

徳間書店

はじめに

歴史知識があればどこに行っても楽しい

筆者は、地元伊豆半島各地を、茂木誠氏と周遊し、いたるところで歴史とエピソードを語り合った（『オトナのこだわり歴史旅』ビジネス社）。

今回は埼玉・武蔵方面の史跡を旅した。時に一人旅、時に編集スタッフ同伴の旅である。私には、旅先の現場に立つと、しゃべりたくてうずうずしている先人たちの声が聞こえる。おれのことを、わたしのことを書いてくれという声である。

第2章で扱った渡辺綱（全国の渡辺氏の祖、源頼光の四天王の一人）は辞世の句を次のように詠んだ。

世を経ても　分け越し草の　ゆかりあらば　あとをたつねよ　むさしののはら

渡辺綱が建立したとされる宝持寺は鴻巣にある
埼玉県鴻巣市箕田2034

先人の最高の喜びは、後世の人々にゆかりの地を訪ねてもらうことに違いないのである。

埼玉・武蔵でも歴史教科書では知ることのできない、たくさんの声を聞いた。それに応えたのが本書である。読者も現場に立ちたくなるに違いない。

本書で扱った史跡は、関東圏の人々にとっては庭先のような埼玉県内のものばかりである。車や電車ですぐに足を運べる。一日あれば、3～4か所は容易に周れる。読者にも先人たちの声が聞こえるはずである。私には聞き取れなかった言葉も聞こえるかもしれない。

また、説明の幅を広げ、埼玉以外の史

跡にも触れた。歴史好きの読者はそうしたところへも旅したくなるはずである。埼玉県以外の史跡は298頁にリストにした。また読者の便宜のために人名索引もつけた。

私が考える「オトナの旅」とは、先人の声を聞く旅である。グルメの旅や温泉巡りにはない「知的興奮」を味わうのである。

一度、知的興奮のアドレナリンが身体を満たせば、そんな旅の病みつきになる。日本がますます好きになること、請け合いである。

2023年　爽秋　　著者

目次

装丁／ヒキマタカシ（b.o.c）
DTP／キャップス
校閲／麦秋アートセンター
編集担当／佐藤春生　浅川亨

第1章

家康の遺骸は日光にはない

川越大師と仙波東照宮（川越市）

第1節　家康の遺骸は日光にはない：川越大師が迎えた「家康の棺」の嘘

埼玉の魅力の第一は川越大師喜多院である。

江戸幕府草創期の歴史を肌で感じられる稀有《けう》な寺院である。由緒を知り、建物・庭・羅漢像などを一通り見て回れば、なんだか江戸検定に合格しそうな気分になる。江戸期の歴史の基礎がこの寺院に凝縮している。

家康は、元和2年（1616年）4月駿府で亡くなった（＊1）。遺骸は久能山《くのうさん》に埋葬せよと遺言していた。家康は僧侶の金地院崇伝《こんちいんすうでん》、南光坊天海の2人と忠臣本多正純の3人を病床に呼んでそれを伝えた。駿府に駆けつけていた将軍秀忠はなぜかその場に呼ばれていない。崇伝は臨済宗の、天海は天台宗の高僧で宗教政策・外交政策顧問、正純は三河時代からの側近正信の子である。家康の信頼する忠臣だった。

3人のひとり、南光坊天海つまり天海僧正こそが、川越大師を関東天台宗の本山に飛躍させた男だった。家康の信頼がことのほか篤かった天海は「怪僧」であった。その意味はおいおいわかっていただける。

家康の遺言は、遺骸は久能山に埋葬し、その一年後に「分霊」して日光山に小堂を

川越大師喜多院
埼玉県川越市小仙波町１丁目 20-1

喜多院境内の遠州流の庭：青海波に刈り込まれた躑躅が美しい（筆者撮影）

建てよというものだった。記憶しておいてほしいのは、家康がはっきりと遺骸は「久能山に埋葬」せよと命じていることである。

久能山にはかつて久能城があった。それ以前には秦河勝《はたのかわかつ》の後裔である秦（久能）忠仁が推古天皇の時代に立てた久能寺があった。家康は、「久能のお山は駿府城の本丸」と語り格別に大事にした。久能山の鬼門（北東）方向に霊峰富士がどっしりと座る。富士におわす神々が久能山を鎮護する。

久能山（北緯34度58分）から西をみれば生誕の地である岡崎城（北緯34度57分）が、そのさらに西には天皇の暮らす京都御所（北緯35度01分）がある。東から皇室を照らす大権現（東照大権現＝家康）が眠るには最適のロケーションである。

家康は、皇室が世俗の政治に口を出すことは、国を不安定化させると考えていた。内治を安定化し、戦いのない平和な世を創造しようとする彼にとって、後醍醐天皇などが行った天皇親政などもっての外だった。

だからこそ、金中並公家諸法度を、亡くなる1年前に発布した。天皇ら皇族は俗事にかかわらず、ひたすら学問に励むことを勧めた。禁中並公家諸法度は、死の床に呼ばれたひとり、金地院崇伝が起草していた。

南光坊天海（日光山輪王寺蔵）

これは、皇室を軽視したのではなく、内治の安定には世俗の権力（徳川将軍）と皇室の精神的権威は分離が必要だと家康は考えていたからである。この判断がなかったら徳川２６０年の安定はなかった。家康は、皇室を尊重していたからこそ、天皇に俗事にかかわらせなかったのである。

皇室を尊崇し先祖を敬う家康が、西に岡崎城と京の御所を望む久能山に自らを葬るように命じたのは自然なことであった。

そうでありながら、家康が亡くなってまだ1年も経たないうちに、「分霊」が行われた。『東武実録』（＊1）は、「元和3年3月15日（注：西暦１６１７年４月10日）、大権現（家康）を駿州久能山より野州日光山にあらため葬る」と書いている。

遺言にあった「分霊」が「改葬」になっている。家康の棺は、久能山、三島、小田原、府中、川越、佐野、鹿沼、日光山と移動した。棺が、日光東照宮奥の院に納められたのは同年4月17日のことである。棺を移す行列は厳《おごそ》かだったと伝わる。

さてここで注意したいのは、家康の棺を迎えた川越大師喜多院で、天海の仕切る法要があったことである。法要は4日も続く大がかりなものだった。

喜多院はもともと無量寿寺北院と呼ばれていたが、天海が、家康の理解を得て、関東天台宗の本山にしていた。天海は、関東の比叡山といわれる宗光寺の住職だったが、その深い教養と論理組み立ての明晰さを家康に気に入られて、家康のアドバイザーになった。

天海が家康と初めて会ったのは1608年（07年という説もある）、駿府でのことだった。このころの家康は60代半ば、天海はその7歳年長だった。家康は天海と会い身体に電流が走った。もっと早く会いたかったとまで言わせている。

家康は、自身は浄土宗信徒であるが宗教観は寛容だった。他宗を攻撃しない限りどの宗教でも許容した。「天下をとるものは諸宗に平等であらねばならぬ」が家康の考え方だった。

彼は、諸宗の高僧らが戦わせる「論議」を聞くのが好きだった。高僧たちの熱のこもった宗教「論議」は、江戸城、駿府城あるいは二条城などで頻繁に開催された。家康は、「論議」を戦わせる法会《ほうえ》に知的興奮を覚えた。天海の筋の通った鋭い論法に家康は魅了された。

１６０９年には、比叡山南光坊住職に移り、度重なる法会での家康との交流を通じて、天台宗への支援を確実なものにしていった。川越の無量寿寺北院を関東天台宗の本山にすべく再建できたのもそれが理由だった（１６１２年）。北院は喜多院となった。翌年には日光山の管理を任されている。

さて家康の亡くなった１６１６年は、江戸という都市のインフラ整備が一通り終わった年であった。

江戸の都市計画は豊臣秀吉の小田原北条氏攻略後に、家康が関東に封じられて以降始まった。四神相応思想では、北に山、南に水面、東と西に河川と大道を配する地形が吉相である。家康の入府の時代は、日比谷近くまでが入り江であった。

江戸城は太田道灌《どうかん》が築城した。その小城の時代にも四神相応思想はあったがスケールは小さい。北の山は麹町台地、南は江戸湾、西は東海道、東は平川である（＊２）。平川は当時江戸城の東を流れ、日比谷入り江に注いでいた。太田道灌については第10

章で詳述する。

秀吉に関東移封を命じられた家康は躊躇《ためら》うことなく三河の忠臣を連れ江戸に入った。当時関東（武蔵国）の中心地は河越（川越）で、江戸城は廃れていた。江戸城の普請にはまず水運の整備が必要だった。家康は、その普請を伊奈忠次に任せた。

「慶長8年（1603年）の開府までには、城の建築資材や生活物資を運ぶ運河『道三堀』（現・永代通り）を小石川沼（東京ドーム・後楽園）から江戸湾に注いでいた平川の河口（現・常盤橋）と大手門の間に開削し」た（＊3）。

忠次が江戸の街づくりのインフラの基礎を固めると、秀忠は「江戸城を中心に濠を右渦巻に外延させる拡大策」（＊4）に進化させた。駿河台の神田山を切り崩し、日比谷入り江などの海岸線を埋め立てた。

家康の亡くなる1年前の元和元年（1615年）には、「平川を現・飯田橋駅東で瀬替えし、神田山を掘割り（御茶ノ水駅ホーム沿い）、隅田川につないだ」。

家康の亡くなった1616年という年は、江戸を物理的に機能させる都市インフラストラクチャー構築の目安がほぼついた時期である。そうなると次に待ち受ける作業は江戸を、神の加護ある聖なる都市に変える作業である。

天海は天台宗の僧である。京都の鬼門を護る比叡山で天台密教を学んだ。天台密教には、鬼門鎮護だけでなく、北極星を崇める妙見信仰がある。宇宙はこの星を中心に回る。天海はどうしても江戸城の北方に家康を葬り江戸鎮護の神にしたかった。その場所に日光山を選んだ。自らが管理を任された聖なる地である。

家康が亡くなった1616年当時、誰も徳川幕府の将来を知らない。天海は、徳川家の安泰と国家安寧のためには、江戸を精神（宗教）都市として完成させるべきだと、将軍秀忠や側近幹部に強く説いたに違いない。

日光山に家康を祀ることで北辰信仰の要《かなめ》とする。そのためには、久能山にある家康の遺体を移したことにするのが都合がよい。しかし、家康の遺言に従えば久能山が墓所でなくてはならない。だから天海はダミーの棺を移すだけで構わないと周囲を説き伏せたに違いない。

遺体そのものを移すことになれば、重鎮の誰かが必ず反対する。筆者は、反対者がいなかった事実こそが棺は空だった証だと思っている。

川越大師（喜多院）での4日にもわたる大法要は、天海の大芝居だった。そのことは、当時の埋葬の方法を考えればすぐわかる。家康の遺体は、焼かれてはいない。桶（棺）

家康の墓所、久能山東照宮（筆者撮影）
静岡県静岡市駿河区根古屋390

に正装した遺体は座した格好で収められている。そしてその遺体は西に向けられていた。墓所（神廟）は、久能山東照宮の奥まった高台にある。

遺体の入っているはずの棺が、久能山を発ったのは1617年3月半ばのことである。日光への到着が4月の半ばだから、ひと月もかけた大移動だった。本当に、棺に家康の遺体があったのならあり得ない長さであり、家康に対する不敬にもなる。実際の運びの行程にはわずか10日で十分だったのである。行く先々で、喜多院で行われた法要に似た儀式があった。

天海と幕府がわざわざ時間をかけたのは、世間に対して、家康の遺体は確かに日光に移されたことを印象付けるためであった。天海は、棺を運ぶ作業である「宮遷し」にあたって、怪しげな歌を読んだ。

あればある　なきにはなきに　駿河なる躯《く》のなき神の　宮遷しかな

今でも、多くの人が家康の墓所は日光東照宮にあると信じている。

＊１：『東武実録』は二代秀忠の事績集で松平忠冬が撰述した
＊２：松井圭介、「寺社分布と機能からみた江戸の宗教空間」、地学雑誌、２０１４年、４５４頁
＊３、４：藤原悌子、「江戸のまちづくり計画が遺した武蔵東部低地の水ネットワーク」、２０１９年、農業農村工学大会講演要旨

第2節　焼けた川越大師

久能山から日光山への家康の棺の移動、つまり「宮遷し」には、将軍秀忠以下多くの幕閣の理解が必要だった。「宮遷し」の成功は、天海がいかに幕府の篤い信頼を得ていたかの証だった。その信頼の篤さで川越大師も繁栄する。

しかし、その建物は、1638年初めに焼け落ちた。寛永の大火と呼ばれる大規模な火災は、喜多院の北およそ1㎞に位置する川越氷川神社辺りで出火した。火は南に向かい喜多院を焼いて鎮火した。喜多院のすぐ南にある仙波東照宮も被災した。

堀田正盛像

仙波東照宮も、天海が家康の御霊を祀る社として創建したものである（1633年）。焼けた東照宮は、堀田正盛を造営奉行として直ちに再建されている。この建物の本殿、唐門などが国の重要文化財になっているだけに、川越大師訪問時には見逃してはならない。

堀田正盛は、三代将軍家光の乳母春日局の孫に

仙波東照宮
埼玉県川越市小仙波町１丁目21-1

あたり、家光の寵愛を受けた人物である。仙波東照宮再建を成し遂げた正盛は１６３５年には川越城主（３万５千石）となり、38年信州松本藩主（10万石）、42年には下総佐倉藩主（11万石）と順調に出世し１６３５年からは老中であった。

さて肝心の喜多院だが、こちらも川越大火で山門(現存)を残して全て焼失した。喜多院の再建を任されたのも正盛である。再建には、祖父家康を篤く尊崇する三代将軍家光が協力した。

その協力は手篤かった。江戸城（現・皇居）紅葉山にあった別殿を移築させたのである。今、喜多院を拝観すると、家光誕生の間、あるいは春日局化粧の間があるのはそのためである。この辺りの事情を知らないと、家光が川越で誕生したかのように錯覚してしまう。

家光は、家康の遺体は、久能山東照宮に眠っていることを知っていた。天海は幕閣の了解つまり将軍家の了解を取っていたことは間違いないだけに、知っていて当然である。

久能山東照宮のふもとに石鳥居がある。そこから東照宮に参詣するには、ジグザグに折れる急坂を登らなくてはならない。その曲がりは17もある（17曲がり、１１５９段）。家光は、生前三度もこの社に参詣した。17曲がりの石段を馬も使わず自らの足で登攀した。

もし、久能山東照宮に家康の遺体がなければ、そうまでして家光がこの社に足を運ぶはずもない。

東より照らす光の　ここにありと　けふ詣でする　久能の御社《みやしろ》

これが家光が参拝時に残した歌である。

拝観案内
VISITORS' GUIDE

第3節　五百羅漢

喜多院には見どころが多すぎて、全てを書くことができない。ただ境内の羅漢像についてはどうしても書いておきたい。

羅漢とは、仏教の修行を重ね、悟りをひらいた高僧のことを指す。だからこそ、羅漢は尊敬を受け、布施を受ける対象になる。その結果、羅漢信仰が生じた。

羅漢信仰は元来は禅思想と結びついていた。そのことは禅宗の一派である曹洞宗では、朝課の際に、羅漢供養に般若心経を読経していることからわかる（＊1）。しかし、羅漢信仰は禅宗だけのものではなくなり、天台・真言宗の密教系、あるいは浄土・浄土真宗の念仏系の寺院でも羅漢像を見る。

はじめは、少ない数の羅漢を崇めることから始まった。それが十六羅漢や十八羅漢である。しかし江戸時代中期になると、羅漢の数がぐんと増え五百羅漢となった。五百羅漢信仰は江戸時代中期以降の流行である（＊2）。

羅漢信仰が庶民性をもつと羅漢像の表情も明るくなった。それまでは一種独特の悩みを見せた表情が多く、見方によっては奇怪に見えた。しかし、江戸中期以降の羅漢

喜多院 羅漢像（五百羅漢）

像の表情は柔和になり笑いを含むようになった。

喜多院の五百羅漢の完成も江戸中期以降となる。表情が豊かなのはこれが理由である。

喜多院では役職トップにある住職の下に「知事」という補佐職が設けられている。その知事が記録した文書が「日鑑」である。それによれば、同院の羅漢造立の願いは１７９６年（寛政８年）であり、完成（開眼）は１８２３年（文政６年）となっている。

喜多院の五百羅漢は多彩である。悟りを開くまでには時間がかかるだけに皆老人であるが、その表情は生き生きとして

耳打ちをする羅漢像

いる。何か考え込んでいる像もあるが決して暗くはない。
にこやかに笑うもの、隣の羅漢に耳打ちするもの、寝そべっているもの。年を重ねたらこんな表情で明るく生きたい、と思わせる羅漢像ばかりである。五百羅漢と言われているが実際には538体である。

＊1：原田弘道、「羅漢講式考」、駒澤大学仏教学部論集、1980年11月、60頁
＊2：同、64頁

第2章 渡辺綱は鴻巣からやってきた

宝持寺と氷川八幡神社（鴻巣市）

第1節　祖先を知る

前章で、喜多院五百羅漢について書いた。数ある羅漢像に亡くなった祖父や曽祖父などの先祖の顔を発見する喜びが羅漢信仰が人気となった理由のひとつだった。

日本の古代祭祀は太陽信仰だが同時に日本民族の祖とされる天照大神《あまてらすおおみかみ》を祀る祖先信仰でもある。民族の祖は天照大神だが、時代を下れば氏族の祖が現れ氏神となった。宗教学者は、祖先信仰は家族制度を守る「孝の行為（追孝）」であるとしたり顔で語るが、そんな講釈は虚ろに響く。

私たちは、自身がどこからやってきたのかと思い、祖先に思いをはせ、自身の存在の奇跡に気づく。祖先に惹かれるのは自然なことである。その祖先に一人でも素晴らしい人物がいたことを知れば子孫としての誇りの気持ちが湧く。それが人生を強く生きる糧にもなる。

私（渡辺）の祖先は、渡辺綱にまで遡る。綱は、平安中期の武将源頼光に近侍した。武勇に優れた彼は、坂田金時、碓井貞光、卜部李武と併せて四天王と呼ばれている。四人は京の北西大江山に住む鬼（酒呑童子）の退治で知られている。

もちろん鬼など存在はしないから、何かをモチーフにした作り話だ。諸説あるが、大江山あたりに出没した山賊を頼光や四天王が征伐したのであろう。

酒呑童子退治の逸話は、能（大江山）にもなり映画（大江山酒天童子）にもなっている。鑑賞あるいは能を映画しながら、登場人物が自身の祖先だと思えば嬉しくなる。

大坂（註：以後「大阪」も大坂という表記で統一）はかつては内海だった。今の大坂平野には多くの川が流れ込み、中世にはそうした川の河口や中流にある中洲が港（津）となった。数ある津のひとつが渡辺の津だった。この一帯を支配していたのが綱だったことから渡辺綱となった。

渡辺津は、現在の大坂の中心地のひとつ淀川の中洲中之島の東端辺りだったらしい。川向こうの南の岸辺に「渡辺津」碑が立つことからそれがわかる。また渡辺党が篤く信奉する坐摩《いかすり》神社があり、現在は「渡辺津」碑から南西2㎞ほどのところにある。

第2節　綱は鴻巣からやってきた

先に書いたように渡辺族の祖は渡辺綱である。自身の血にかすかながら歴史上知られている人物の血が入っているかもしれないと思うとうれしい。子供たちに、綱の錦絵を見せ、「これが遠い遠い昔の先祖だ」と言うだけで、子供の目は輝く。そこから歴史への興味が生まれる。

さて本章で紹介したい渡辺綱を祀る鴻巣の宝持寺と氷川八幡神社について語る前に、古代の鴻巣周辺の地形を頭に入れておきたい。関東平野には、その奥深くまで東京湾が入り込んでいた。この時期の東京湾は奥東京湾と呼ばれる。

次頁に縄文時代の地図を示した。貝塚が当時の海辺に沿って分布していることがわかる。奥東京湾は次第に退行してはいったが、関東平野は低湿地のままだった。治水技術のない時代には、低湿地に流れ込む川の制御ができなかった。時に起きる洪水に備え人々は高台に暮らした。

鴻巣、そしてこれから紹介するさきたま古墳群のある行田などは、そうした高台に位置している。東に流れる利根川と東京湾に向かって南下する荒川に挟まれた小高い土地である。この辺りは耕作や牧（馬の飼育）が可能な豊かな土地であった。

日本書紀によれば、安閑天皇の時代（534年）に「武蔵国造《むさしのくにのみやつこ》の乱」があった。豊かな土地であった武蔵国造（大和朝廷の役職）の地位をめぐって二人の人物が争った。

貝塚は縄文時代の海岸線付近に集中している。出典：江坂輝彌「自然環境の変貌－縄文土器文化期における－」（第四紀研究 第11巻 第3号 昭和47年10月）

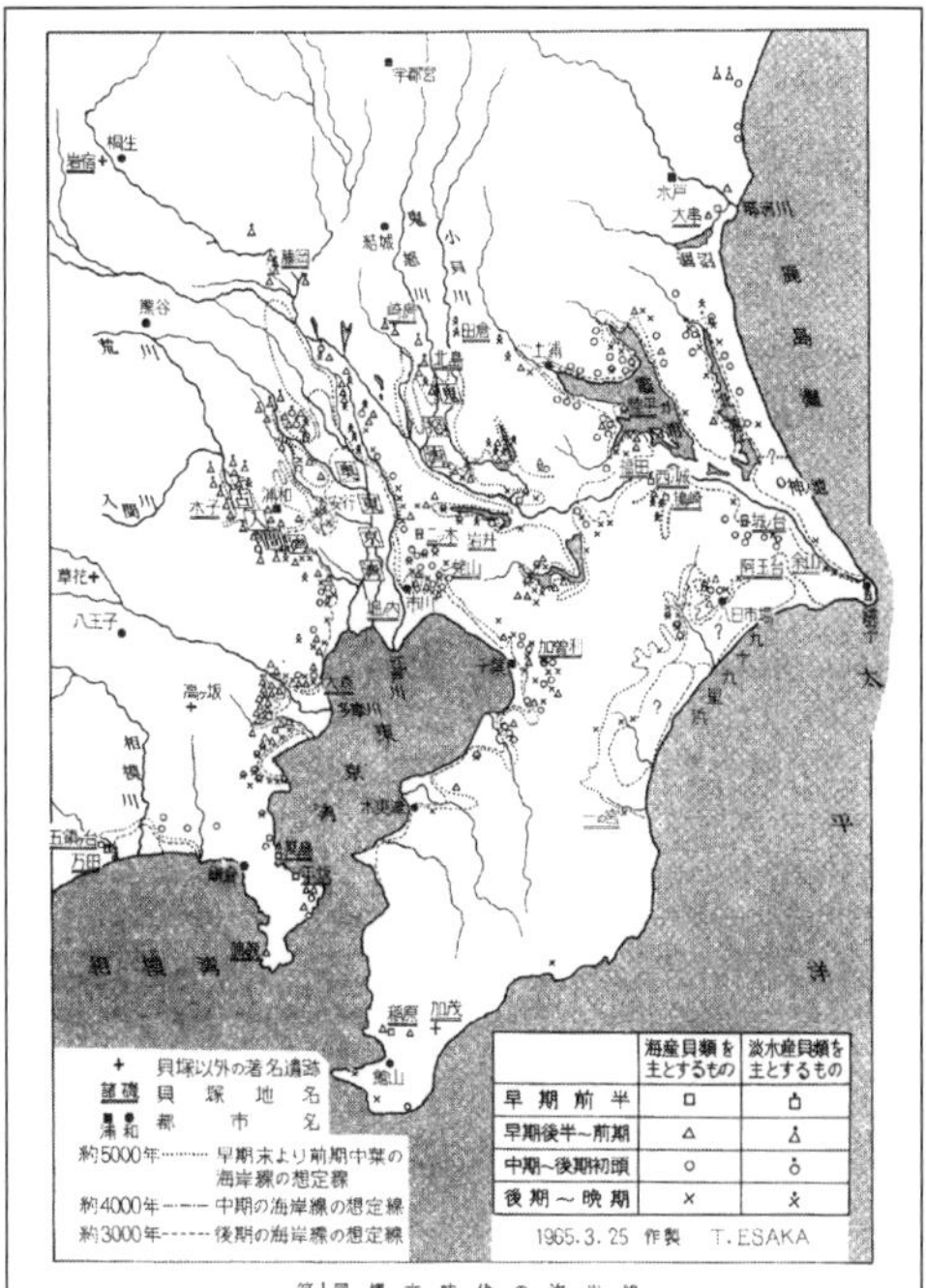

第1図 縄文時代の海岸線

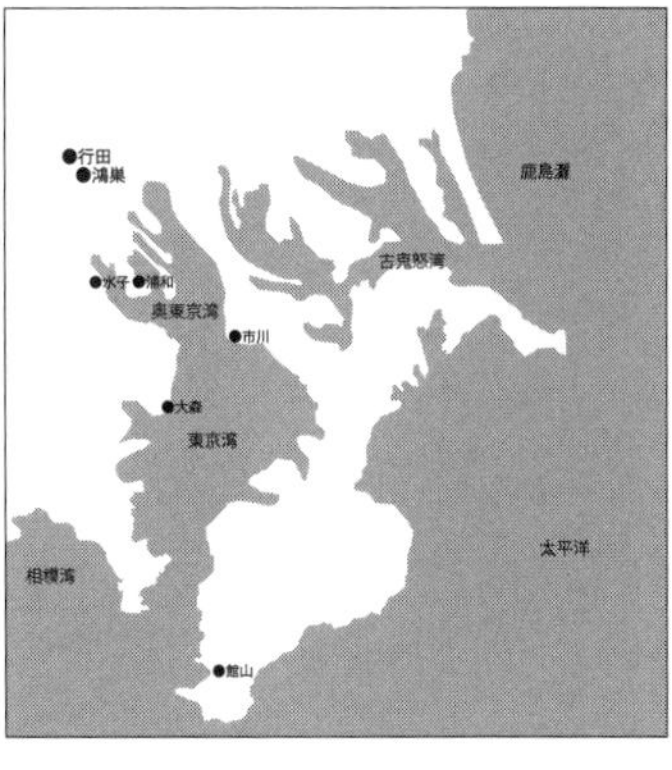

約5000年前の海岸線想定図

争ったのは笠原直使主《かさはらのあたいおみ》と同族の小杵《おき》の二人だった。大和朝廷は直使主を国造と認め小杵は誅殺された。朝廷の恩に報いるために直使主は4か所の豊かな土地を屯倉《みやけ》として献上した。笠原直使主の統治の中心の地となったのが、現在の鴻巣市笠原から行田市埼玉《さきたま》の辺りだった。鴻巣は「国府《こう》の洲」から変化したものである。

第5章で、さきたま古墳群を扱うが、そこにある複数の大型古墳が武蔵の国の覇権を争った地方豪族たちの墓所なのである。

朝廷の基盤が落ち着いた平安期には、皇族が増えた。朝廷は、増えすぎた皇族を臣籍降下させ、その数を調整した。臣籍降下した元皇族には特別な姓が与えられた（皇族賜姓）。旧皇族は、地方官として各地に赴任した。

そんな一人であったのが桓武天皇の曽孫高望王だった。890年に平姓を賜ると、上総介に任じられて関東に下った。彼らは軍事貴族だった。高望王の子孫は朝廷との強い関係を背景にして、関東全体に支配地を拡大していった。

関東各地に散った平家一族は武士団を形成した。それが秩父、土肥、上総、千葉、三浦、大庭、梶原、長尾の八氏族だった（坂東八平氏）。

高望王には、6人の男子がいたが、嫡男の国香と三男の良将の間に所領問題が起きた。

その過程で関東を制圧した将門（良将の子）は、自身を「新皇」と称して、朝廷と対立した（939年）。

それが平将門の乱だった。将門は、新皇即位後に朝廷から派遣された藤原秀郷・平

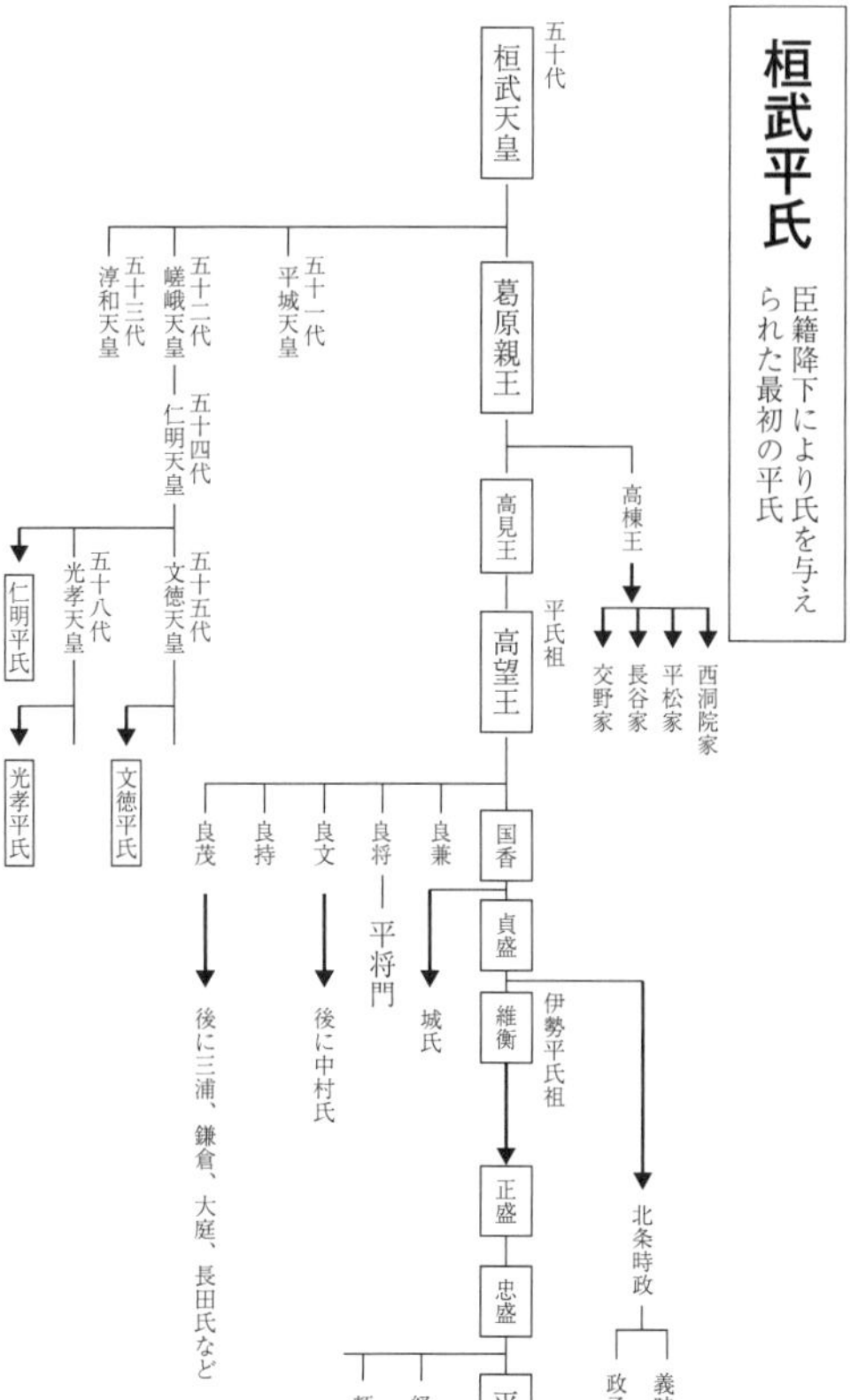

出典：家系図作成本舗
https://www.e-keizu.com/kakeizu/kanmu.html

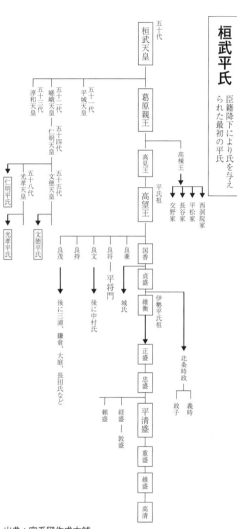

貞盛らの軍に敗れて殺された（940年）。

この乱の始まる少し前の938年、朝廷から武蔵介として関東に赴任していた人物がいた。源経基だった。彼も、臣籍降下して朝廷から源姓を受けた貴族武士だった。彼は清和天皇の孫であった。彼は朝廷側の軍事貴族として将門の軍と戦い、いったんは敗れたが、その後に編成された討伐軍では副将軍となった。

彼は乱鎮圧後に帰京している。先に紹介した源頼光は経基の曽孫にあたる。後の歴史で活躍することになる源氏の有名人は多いが、経基の子孫にそれが多い。義朝《よしとも》、義仲、頼朝、義経などは彼の子孫である。

清和源氏の系図

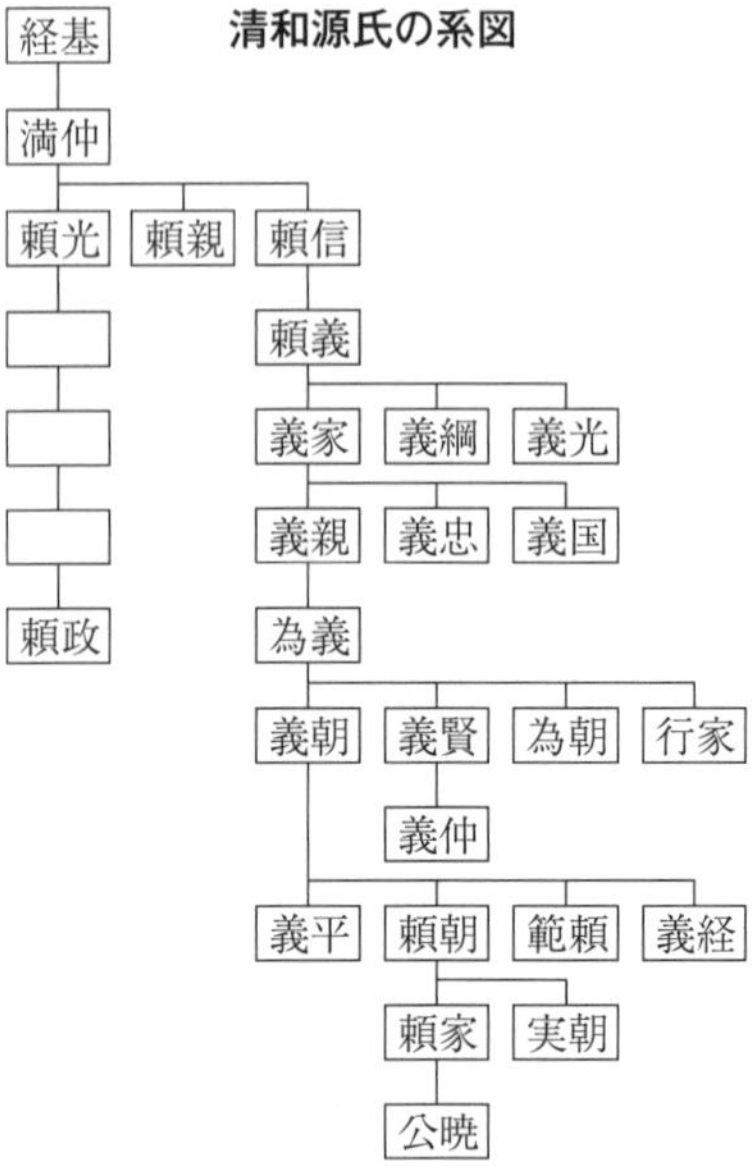

出典：歴史人物の備忘録
https://historic-something.hatenablog.com/entry/genji

平将門の乱で、経基に従って軍功を立てた源氏武者がいた。源仕《つこう》である。仕も関東に下ってきた貴族武士であり、嵯峨天皇の第一二皇子左大臣源融《とおる》の孫であった。嵯峨天皇系の源氏（嵯峨源氏）は漢字一文字の名がつけられている。
彼らが開拓開墾した地が現在の鴻巣市箕田周辺である。仕は、乱平定の功を認められて武蔵守に任じられた。

嵯峨源氏

名前の特徴は一文字名。

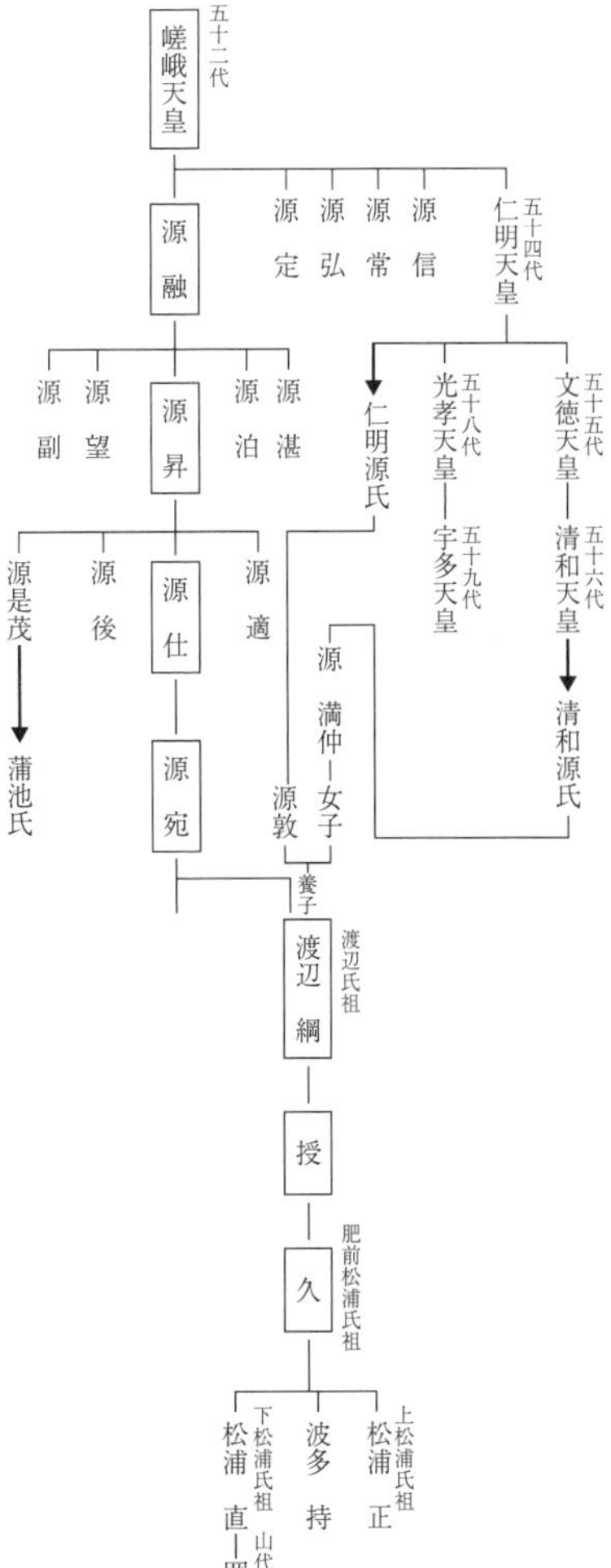

出典：家系図作成本舗
https://www.e-keizu.com/kakeizu/saga.html

上司にあたる経基は帰郷したが、従前から武蔵国の貴族武士だった仕そしてその子孫は関東に広がった。

仕の子宛《あつる》は武勇に優れていたが、21歳の若さで没した。宛の嫡男が綱だった。父、続いて母を亡くした綱を、源満仲の娘（源敦の妻）が引き取った。

満仲の息子の一人が先に書いた頼光であった。成長した綱が義理の叔父頼光に仕え四天王の一人となった。

満仲は、摂津の国多田に家臣団とともに本拠を構えたことから多田源氏の祖と言われている。現在の兵庫県川西市多田院の辺りである。満仲は、越後、伊予、陸奥にも受領した土地があっただけにその財力は十分であった。

第3節　安倍晴明と綱

節分では、「渡辺姓の家では豆まきをしない」と言われている。綱の武勇伝に怯える鬼は渡辺の子孫には近づかないと信じられているからだ。

本書は、埼玉・武蔵の国を知るため、そして知的に旅するための書であるが、それだけではつまらない。綱の武勇伝を詳しく書いておきたい。綱が世に知られる理由は言うまでもなく平家物語（剣の巻）にある。ここに記された鬼との格闘を紹介したい。そうすれば、誰もが一度は訪れる京都の観光も数倍楽しくなる。

平家物語は次のように書いている（＊1）。

源頼光の郎党であった渡辺源四郎綱が使者として一条大宮に遣わされる。夜も更けていたので馬に乗り、「おそろしき世の中なれば」と髭切を帯刀させられる。やがて、一条堀川の戻橋を通ると美女と出会う。美女が「夜ふけ、おそろしきに、送り給ひなんや」と言ったので馬に乗せ、堀川の東を南に行くすると、女は途中で自分の住むところは都の外にあり送ってくれるかと問う。「送りましょう」と綱が答えると、「わが行く所は愛宕山ぞ」と綱の髻を摑み、乾の方角へと飛んでいく。綱は少しも慌てず、髭切で鬼の腕を切り落とし、北野の社の回廊の上へと落ちる

綱が切り落とした鬼の腕を持ち帰ると、頼光は驚き、播磨にいた晴明を呼び占わせると「綱には七日のいとま賜はつて、仁王経を講読すべし」と言う。六日目の晩に綱の養母である伯母が渡辺より上京し、訪ねてきた。物忌の途中であると一度は断るが、泣きだすので、屋敷に伯母を入れてしまう。物忌の理由を問われ、綱がありのままを話すと、伯母は「話の種に」と、鬼の手を見たがる

鬼の手を見せると、伯母は「これはわが手ぞや」と言い、鬼となり破風《はふ》を蹴破って去っていった。それより渡辺党は家に破風をたてない。また、髭切も鬼を切ったため「鬼丸」と改称した

傍点を付けた「乾の方向」とは北西を指す。後日、鬼が逃げ帰り住みかとしていた

晴明神社の一条戻り橋　Ⓒ Naokijp
京都府京都市上京区晴明町 806

のが京の北西に位置する大江山であることを知った綱の上司源頼光は四天王を連れ鬼退治に行くのである。

　基礎知識としておきたいのは、綱らの生きた平安時代の一条戻り橋は御所の北東（鬼門）にかかる小さな橋だった（＊2）。当時の人々は陰陽道を信じていたから、疫病の神は北東から侵入すると考えていた。だから大江山の鬼は北東にあるこの橋に現れたのである。

　現在、再現された一条戻り橋は晴明神社の箱庭のような境内にひっそりと「置かれて」いる。晴明神社は御所の西であるから、元々の一条戻り橋が御所の鬼門に架かっていたことには気づかない。

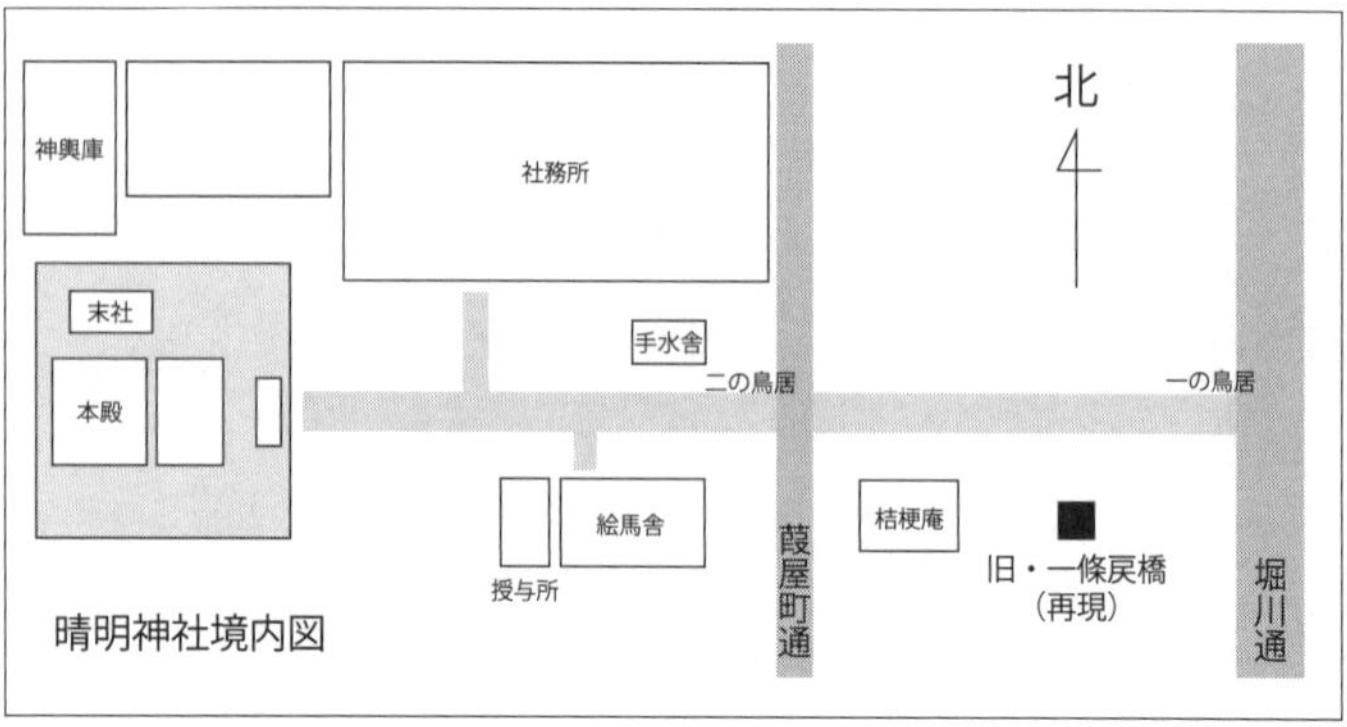

（晴明神社 HP を参考に作成）

時の経過とともに地形は変わり、建造物は壊れたり移築されたりする。過去の映像が正確に脳裏に浮かべば本物の大人の旅である。

陰陽道の支配する京にあっては繰り返しになるが北東からの「鬼（厄災）」の侵入を極度に恐れた。だから天皇の暮らす御所の警備も清涼殿の北東に詰め所がおかれた。

詰所の傍らに清涼殿東庭北東御溝水《みかわみず》の落ち口があったことからここに詰めたものは「滝口の武士」と呼ばれた。「御溝水」とは要は下水のことである。それが地下に流されるところを「滝口」と美称した。

滝口の武士として活躍したのが綱から出た渡辺党だった。彼らは地方の荘園の荘官として全国に活躍の場を広げた。

渡辺姓をもつ国民は全国に百万以上。日本で多い名字の第5位にある。

＊1：岡｢颯馬、「小浜・福井城下町の呪的都市プランニング」、科学研究費補助金研究成果報告書『古代的世界観を記憶する景観の歴史地理学的研究』、2021年

水原一校注、平家物語　下、新潮社、1981年

＊2：「境界としての一条戻り橋（日本の伝説　異界展）」（www.arc.ritsumei.ac.jp）

第4節　平家の主流派：関東から伊勢へ

第1節で、関東には桓武天皇につながる高望王がやってきてその子孫が坂東八平氏を形成したことを書いた。しかし、平家の主流は関東から伊勢に移った。高望王の長男国香の子貞盛は、将門の乱の平定に貢献した。その子維衡《これひら》は伊勢・伊賀方面に勢力を広げた。

維衡の伊勢進出の判断が後に平家に天下を取らせることになる。本章では、源氏台頭の基礎を作った嵯峨源氏あるいは多田源氏を中心に書いてきたが、せっかくなので、なぜ平家が源氏より先に天下を取ったのかについて触れておく。

貞盛は、将門の乱平定の戦功を認められた。従五位上に叙せられると丹波守、陸奥守を歴任し従四位下にまで出世した。そして平将軍と呼ばれるまでになったのである。彼の出世は常に朝廷組織の中で軍事貴族として生きた結果である。

その子、維衡が伊勢・伊賀方面に進出し、この判断が後の平家の興隆の基礎となったと書いた。伊勢には伊勢神宮があり皇室の聖地である。そして、古代三津《さんしん》と言われた良港安濃津《あのつ》があった。安濃津は、現在の三重県津港である。

古代三津とは、この安濃津のほか、坊津（鹿児島）と博多津（福岡）のことを指す。坊津は支那本土と、博多津は朝鮮半島との交易の中心となる津（港）であり海外との窓口だった。一方の安濃津はむしろ国内貿易・人的交流のハブとなる港だった。貿易港であると同時に軍港でもあった。東国への交通のハブでもあった。

維衡が伊勢守に叙任されたのは１００６年のことである。以降、彼の子孫は伊勢に勢力を張ったことから維衡は伊勢平氏の祖となる。維衡の孫正盛は、北面の武士（上皇警備の武士）として、時の白河院に寵愛された。瀬戸内海賊討伐の功もあり西国の武士との関係も深まった。その子忠盛の時代には、瀬戸内海海運ルートを支配し、日宋貿易に進出した。これによって伊勢平氏の財政基盤が盤石になった。

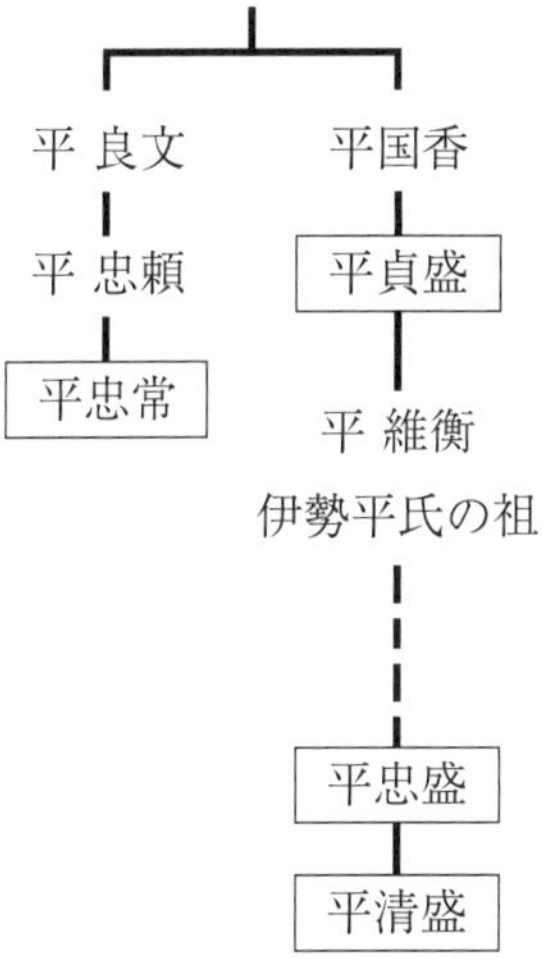

平家の系図

平家の真の意味での軍事貴族化は忠盛からとされる。平家物語が、忠盛に対する貴族文官の嫉妬の語から始まっている。忠盛の出世を嫌う貴族たちは、忠盛の「すがめ（斜視）」をからかった。

平家物語は貞盛の出世を続けて詳述する。

宮中には妬みが渦巻いてはいたが、白河院の忠盛への寵愛は増していった。白河院は、東山祇園に暮らす女御のもとに足繁く通っていたが、その女御の家近くに鬼が出たことを聞いた。討伐を忠盛に命じると見事にその鬼を生け捕りにした。

鬼ではなかったが、この機転に喜んだ白河院は、自身の女御の一人を忠盛に下賜した。彼女は懐妊していたが、白河院は、「うめらん子、女子ならば朕が子にせん、男子ならば忠盛が子にして、弓矢とる身にしたてよ」（＊1）と命じた。そうして生まれた男子が平清盛であったらしいのである。

清盛は、保元・平治の乱を経て、1167年、最高位の太政大臣に昇った。清盛は、権力奪取の過程で、源氏一族の相争う姿を見てきた。例えば保元の乱（1156年）だが、源為義は為朝らの一族と崇徳上皇方につき敗れた。為義の子義朝は、清盛らとともに後白河天皇方について勝者となった。義朝は、出家した父為義の助命を嘆願したが叶わず自ら父を斬首することになる。

源氏の血族抗争を見てきた清盛は、平氏は一門全体の繁栄を考えると決めた。一門は、皆、軍事貴族の頂点に立った清盛の下で繁栄した。

「平家にあらずんば人にあらず」、「驕る平家は久しからず」と言われ、平家にはネガティブなイメージがあるが、親族骨肉の争いを嫌った清盛の考えがあったからこそ、平家は「全体で」栄えたのである。

父を斬首した義朝は、その三年後に起きた平治の乱（1159年）では敗者となった。東国に逃亡したが、野間大坊（知多半島）で、家臣の長田忠致・景政親子の裏切りにあい殺された。

清盛死去（1181年）後の、平家滅亡と源氏の興隆の経緯については読者もよく知る所なのでこれ以上は書かない。

＊1：平家物語、岩波書店、1991年、354頁

第5節　先祖を訪ねる喜び

武勇で知られた渡辺綱は長生きであった。亡くなったのは1025年、73歳であった。綱は箕田（嵯峨）源氏に生まれ多田源氏の頼光に仕えた。従って彼の墓所は、多田源氏の社である多田神社近くの小童寺にある。

辞世の句は本書「まえがき」でも触れたが、「世を経ても　分け越し草の　ゆかりあらば　あとをたつねよ　むさしののはら」である。

こんな句を残されては、子孫の一人としては、何としても綱の故郷「むさしののはら」を訪ねなくてはならない。

全国の渡辺さんもそのように思ったらしい。勇猛で知られた武将を先祖に持つ誇りがそうさせるのであろう。綱が建立したとされる宝持寺は鴻巣にある。全国の渡辺（渡部）さんの有志は「全国渡辺会」を作っている。同会は、綱の御霊をとむらう「嵯峨源氏先祖代々精霊菩提碑」を宝持寺に建立した。

江戸中期（1759年）にも綱を偲ぶ碑が建てられている。宝持寺に隣接する箕田氷川八幡神社に現存する箕田碑である。この社は須佐之男命、大国主命、応神天皇らを祀り、綱が勧請したものである。

すでに述べたが渡辺姓をもつものは全国に１００万強、第五位にポピュラーな姓である。鈴木も多く、１５０万で第2位である。鈴木族の先祖は、藤白神社（和歌山県海南市）に祀られている。佐々木姓も多く13位で、この先祖は沙沙貴神社（滋賀県近江八幡市）に祀られる。関西方面に出かける機会があれば、少し足を延ばして先祖の御霊に首を垂れてみたら如何かと思う。

渡辺族は、三つ星に一文字を家紋（渡辺星紋）にする。西洋では三つ星はオリオン

宝持寺にある嵯峨源氏先祖代々精霊菩提碑
（筆者撮影）

箕田碑は江戸時代半ば箕田源氏の功績を顕彰し建立された
（筆者撮影）

座の戦士のベルト（オリオンの三つ星）である。一文字は槍か剣を表す。戦う武将綱の後裔には相応しいデザインである。

渡辺星紋
©ルートオブオールライト

第3章
氷川神社は古代祭祀場だった
武蔵の国一宮 氷川神社(さいたま市)

第1節　埼玉にやってきた出雲族

前章で、簑田氷川八幡神社について書いた。本章ではさいたま市大宮区にある氷川神社について書いてみたい。氷川神社は、全国に287社あるが、そのほとんどが荒川流域に立地し、207社が埼玉県にある（埼玉県神社庁）。

前章で書いたように、古代人は荒川と利根川に挟まれた高台に住んだ。そこに暮らした人々はどこからやってきたのだろうか。

近年は研究が進んでいて出雲からやってきた人々（出雲族）が埼玉周辺を開拓したのではないかと考えられている。神社の立地、祭神、由緒、神話などの情報に加え、近年の考古学的発見を総合しての推論である。

考古学に神社の分布情報を総合的に調査考察し、大和朝廷に国を譲ってからの出雲の人々が、いかにして日本全国に散っていったかを研究している学者に岡本雅享教授（福岡県立大学）がいる。

『越境する出雲学』（筑摩選書）は多くの情報と示唆に富んでいる（＊1）。民間学者である丸地三郎氏も精力的に自身のネット講座（＊2）で、神話の時代を含む古代史

氷川神社参道

の合理的解釈を試みている。

武蔵の国の一宮である大宮氷川神社は巨大な社である。大宮駅から向かうと二の鳥居から参道に入るが、一の鳥居からであれば三の鳥居まで続く２㎞参道がある。

両側にはケヤキ、エノキ、クスノキなど30種を超える樹木が並び、巨樹20本ほどが市の天然記念物である。樹木の観察も楽しいものである。樹種のひとつやふたつを言い当てられるだけでも旅は楽しくなる。氷川神社ではたっぷりと時間をかけてほしい。

この神社は日本海側の港から南下し、関東を開拓した出雲族の神を祀っている。不思議に聞こえるかもしれないが、埼玉の昔を理解するには出雲を理解しなくてはならない。

２０２２年1月、筆者は出雲に足を運んだ。目的のひとつは出雲大社を再訪し、出雲大社から日本海に面する稲佐の浜まで自身の足で歩いてみたかったのである。

出雲族は、朝鮮半島新羅との海の交易で富を築いた。出雲族は海洋民族である。稲佐の浜を舞台とした神話も多い。南北およそ1㎞にもなる長い砂浜で、西向きに日本海に面している。古代船は、刳船《くりぶね》や（丸木舟）積載量を増やすために平底に工夫した準構造舟だった。喫水は浅いから砂浜を利用して、舟をつけた。つまり稲佐の浜は古代の港湾だった。

出雲の海岸には、（11月・旧暦10月）になると南の海から海流に乗ってやってきたセグロウミヘビが打ちあげられる。旧暦十月は日本中から神が出雲に集合する。そのために日本中から神が留守になり神

稲佐の浜　ニングル / PIXTA

無月と呼ばれるが、出雲にとっては神在月である。

出雲人は、神在月に海岸に打ち上げられるセグロウミヘビも出雲にやってきた神あるいは神の使いと考えた。神社に伝わるしめ縄は、神の化身であるセグロウミヘビに形を似せて作られたとも言われる。

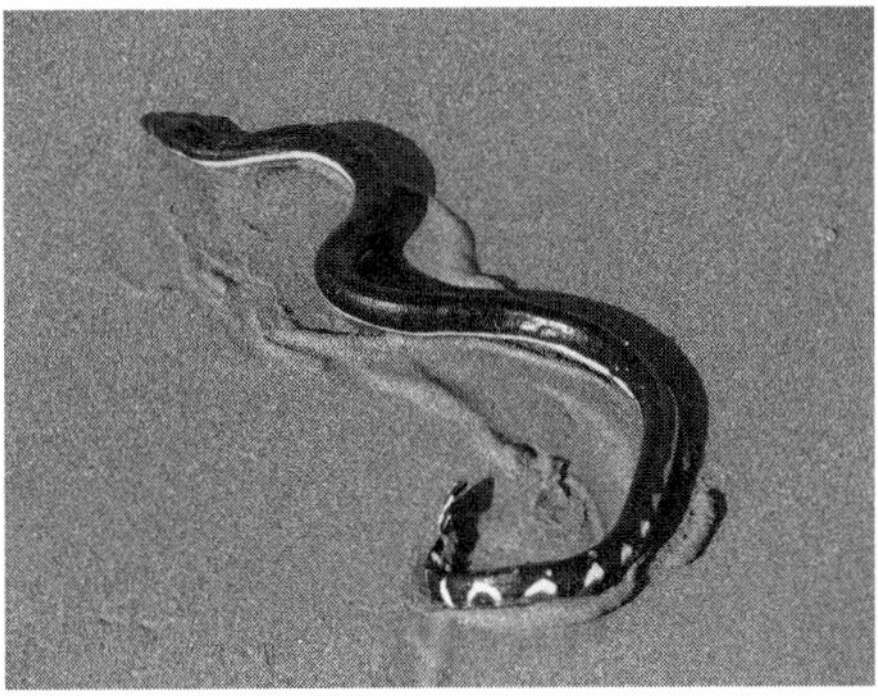

セグロウミヘビ　© Aloaiza

この辺りから宍道湖西端まで沼沢状地帯で舟で移動できたらしい。荒い波を越えてやってきた異国人やあるいは帰国した出雲人は、稲佐の浜近くから内海に入るとホッとしたに違いない。その安堵の気持ちと、航海の安全を感謝して社を建て、海神を祀ったのだろう。

「出雲国風土記」（733年編纂）はいくつか残る同時代の風土記の中で唯一完本として残る貴重な文献である。そこに「国引き神話」が残る。出雲神の一人、八束水臣津野命《ヤツカミズオミズヌノミコ》が、遠くの国の余った土地を出雲に引き寄せた話である。隠岐の島や新羅（朝鮮半島）から引き寄せたというからスケールがでかい。

その時に使った綱が、稲佐の浜に続く長浜海岸だというのである。綱が風化して砂浜になったのであろう。引っ張り寄せた土地が、出雲平野北部に位置する北山山塊である。出雲大社はこの山塊の南の裾野に鎮座する。古事記に書かれている大国主命が高天原からの使者建御雷《タケミカヅチ》に国を譲ったのも稲佐の浜でのことだった。この浜の北端で国譲りが決まった。今では国譲りの話を学校で教えない。出雲観光協会のサイトである出雲観光ガイド（＊3）がこの話をうまくまとめている。

（天照大神は自身が遣った）使者が誰も帰ってこないので、アマテラスは力自慢のタケミカヅチと足の速いアメノトリフネ（日本書紀ではフツヌシ）の二神を差し向け、武力で解決しようと考えました。

二人の神は出雲の国の伊耶佐（いざさ）の小浜（現在の稲佐の浜）に降り立つと、剣を抜き逆さまにして柄を下にして突き立て、その剣の切っ先の上にあぐらを組んで座りました。

そしてオオクニヌシに「私たちはアマテラス様の命令できた。葦原中国は我が子が統治すべきだとアマテラス様はおっしゃっているが、お前はどう思うか？」と強い口調で言いました。

オオクニヌシは「私の一存ではお答えできません。息子のコトシロヌシがお答えいたしましょう。ですがあいにく美保の岬に鳥や魚を取りに遊びに行っております。」と答えました。

タケミカヅチはアメノトリフネを迎えに行かせ、国譲りについて尋ねたところ、コトシロヌシは「おっしゃるように、アマテラスのお子様に差し上げましょう」と答えました。

するとそこへオオクニヌシのもう一人の息子で力持ちのタケミナカタが大きな岩を抱えて戻ってきました。タケミナカタは「この国が欲しいのなら力比べだ」と言って大岩を投げ捨て、タケミカヅチの腕をぐいとつかみました。

するとタケミカヅチの腕が氷の柱や鋭い剣に変わりました。タケミナカタが驚きひるんでいると、今度はタケミカヅチがタケミナカタの腕をつかみ、葦の若茎のように軽くひねって投げ飛ばしてしまいました。タケミナカタは恐ろしくなり、逃げ出しました。

タケミカヅチは逃げるタケミナカタを追いかけ、とうとう信濃の国（現在の長野県）の諏訪湖辺りまで追いつめて組み伏せてしまいました。

タケミナカタは「私は諏訪の地から外には出ません。葦原中国は全部お譲りしますから助けてください」と命乞いをしました。タケミカヅチが出雲に帰り、オオクニヌシにそのことを伝えると、オオクニヌシは「仰せのとおりこの国をお譲りします。そのかわり、高天原の大御神様の御殿のような神殿を建てていただきたい」と答えました。

タケミカヅチは願いを聞き、オオクニヌシのために大きな神殿を建てました。

長い引用になったが、この神話を知らずして氷川神社を訪れても面白くない。

私が歩いたのは出雲大社から浜の北端までのわずか1㎞ほどだったが、冬の寒風に混じった細かな雪が顔に刺さり辛い「散歩」だった。

ここに引用した国譲りの時代の出雲にはどうもその東部と西部に覇を競う勢力が並立していたらしい。大和朝廷と出雲のつながりは弥生時代の終わりころから古墳時代の初めとされている。古代史学的には、大和朝廷との提携を決めたのは東部の勢力だったようだ（＊4）。

神話では、大国主命はなぜか自身の判断を留保し、子である事代主《コトシロヌシ》と建御名方《タケミナカタ》に決断を任せたことになっている。事代主が出雲東部勢力、建御名方が西部勢力を表しているのかもしれない。

敗れた建御名方は、信州諏訪湖に逃げたとある。敗れた勢力が日本海を東上し、日本海岸の岸のどこかから本州の内陸に入ったのであろう（『越境する出雲族』）。

神話では、建御名方が信州諏訪に落ち着いただけであったが、彼に従う勢力つまり大和朝廷への国譲りを是としないグループも、建御名方同様に本州内部に移っていったと考えられる。関東に、洪水を避ける台地を見つけ出して生活を開始したのもそうした一団だったのだろう。

いずれにせよ大国主命として擬態された出雲の支配者は、大和朝廷との戦いを避けることで朝廷との共存の道を選択したようだ。その判断を大和朝廷は感謝した。だからこそ、日本各地で国譲りを選択した事代主命を祀る神社が多いのである。

各地に散った出雲族は、新天地で故郷の神々を祀った。そして祈りの場としての社を建てていった。関東開拓民となった出雲族も、故郷を懐かしみ故郷の名称を新天地に付けた。もとの出雲神社の住所が島根県簸川《ひかわ》郡大社町（現在は出雲市大社町）となっていることからそれがわかる。簸川は氷川なのである。

言うまでもなく氷川神社の御祭神の一人が、出雲国の統領であった大国主命（大己貴命）である

＊1：岡本雅享、『越境する出雲学』、筑摩選書、2022年
＊2：丸地三郎、「日本古代史ネットワーク」日本古代史ネットワーク―トップページ (nihonkodaishi.net)
＊3：神話めぐり2　国譲り―出雲観光ガイド【出雲観光協会公式ホームページ】(izumo-kankou.gr.jp)
＊4：岡本前掲書

第2節　氷川神社は古代祭祀場

先に氷川神社はＪＲ大宮駅が最寄り駅だと書いた。大宮とは武蔵の国一宮氷川神社を意味するのだから当たり前のことである。

長い参道も三の鳥居まで来れば本殿はすぐである。参拝後に本殿を背にして、楼門を潜り右手に回りこむ小道を神社に沿うように歩くと蛇の池がある。本殿に向かって北西の方向である。

清水が湧き出ていて、楼門前の神池に注いでいる。初夏には水路に蛍が放生される。氷川神社は、かつてこの辺りにあった見沼に突き出た台地（大宮台地）の上に建つ。

氷川神社東方およそ５㎞のところに見沼田圃がある。かつて沼沢地帯であったが、将軍吉宗の時代に干拓され耕作地となった。

第２章でも書いたが、関東平野には奥東京湾が広がっていた。見沼は、６０００年

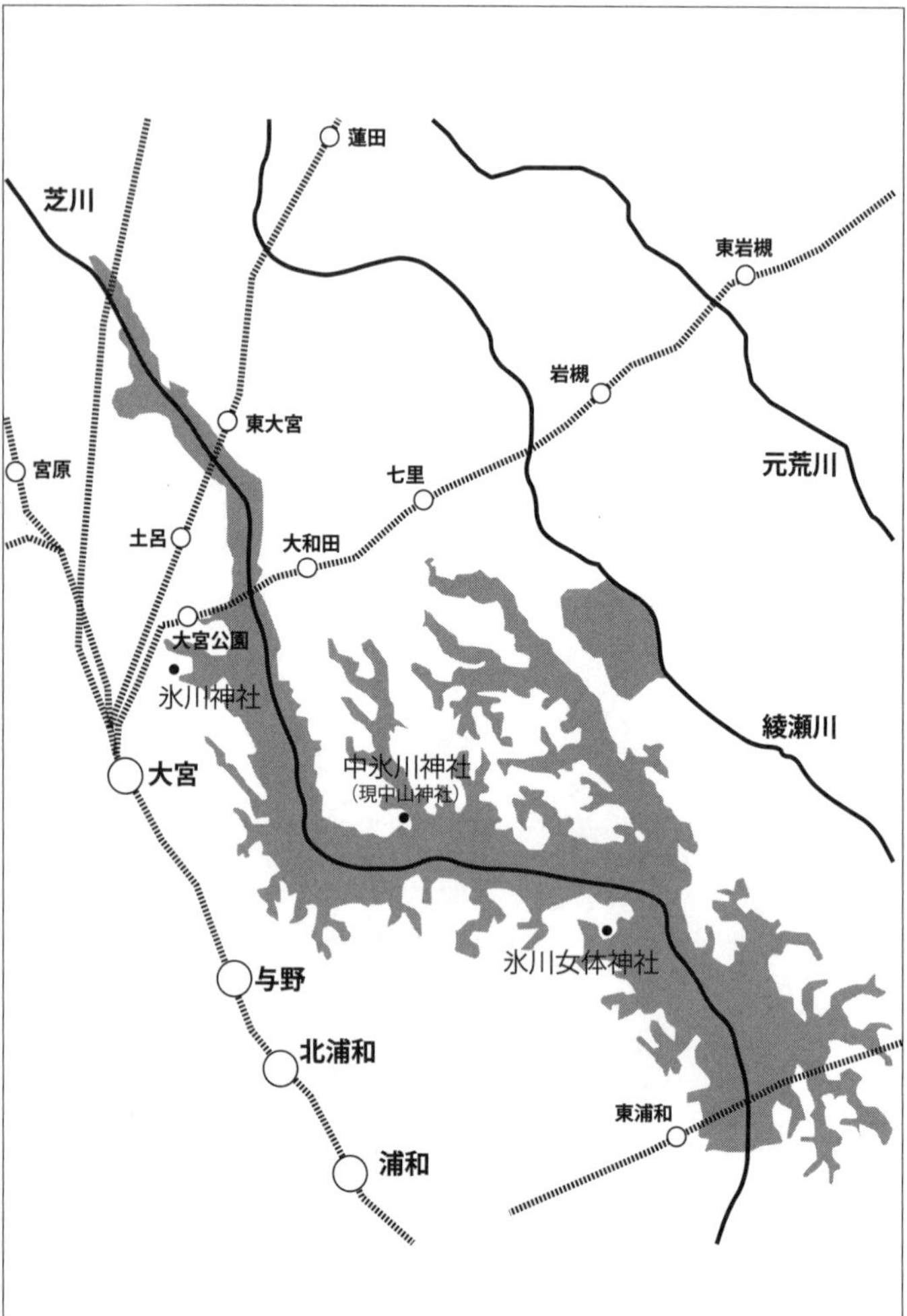

享保の埋め立て前の見沼

ほど前には、奥東京湾の入り江だった。奥東京湾は次第に後退したが、低地が湖や沼、湿地として残された。そのひとつが見沼だった。

縄文人は、そうした沼沢地を見下ろす台地に暮らしたことはすでに書いた。平成24年に、氷川神社の本殿周辺で発掘調査が行われた。本殿を囲んで盛り土された「環状盛土遺構」が発見された。

周囲をドーナツ状に盛土された祭祀場の中心部で縄文人は神に祈った。つまり氷川神社は、縄文古代祭祀場の上に鎮座しているのである。縄文人から出雲人に、そしていま現代人に綿々と続く祈りの場が氷川神社なのである。

日本の古代祭祀は太陽信仰だった。太陽が、作物の出来の良しあしを決めた。古代人は、太陽の動きを常に観察していた。日の一番長い夏至、逆に一番短い冬至、そして等分になる春分・秋分に太陽を拝んだ。

古代祭祀場は、太陽の動きをよく観察できる場所、そして日の沈む山に神の降臨を感じられる場所に作られる。氷川神社遺跡でも太陽を祈っていたことは確実である。

氷川神社の東南東およそ4時の方向に二つの神社がある。氷川神社からおよそ4㎞の地点に中山神社（中氷川神社）が、さらにその4㎞先に氷川女體神社が鎮座している。

氷川神社

埼玉県さいたま市大宮区高鼻町1-407

中山神社（中氷川神社）

埼玉県さいたま市見沼区中川143

氷川女體神社

埼玉県さいたま市緑区宮本2-17-1

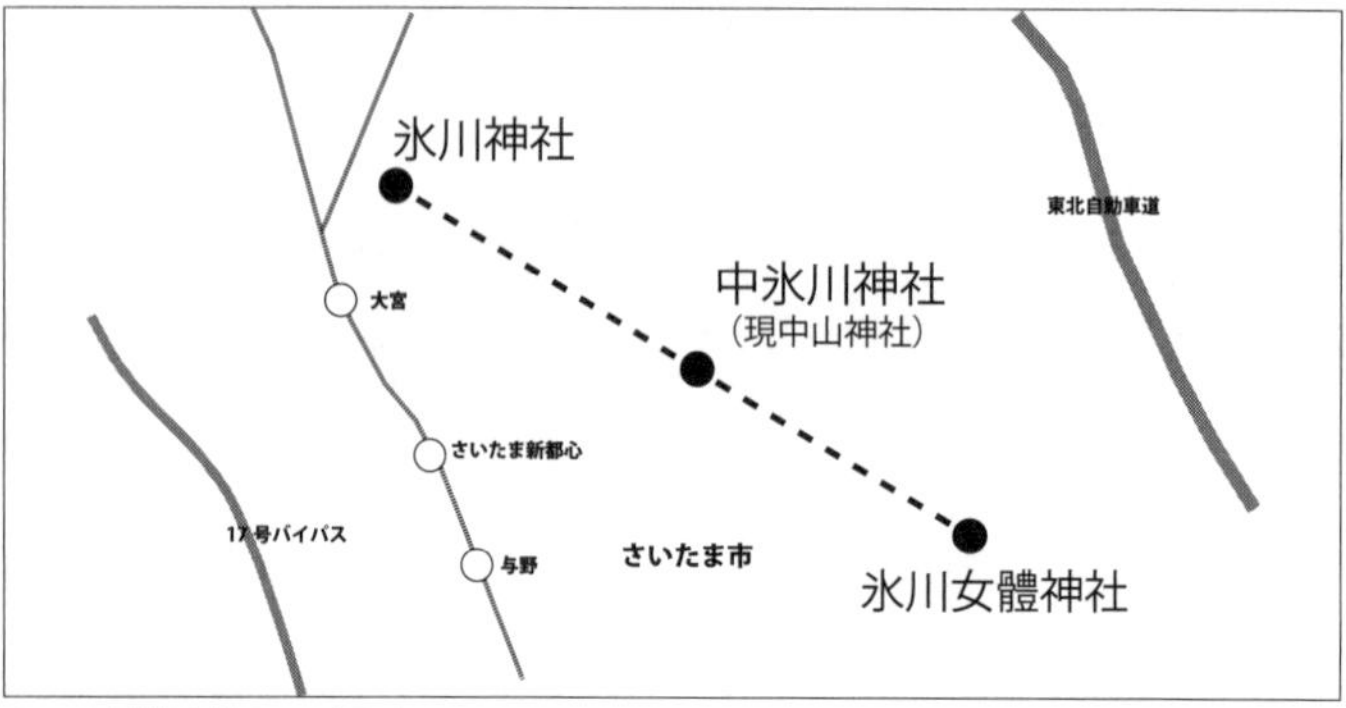

3つの神社を結ぶレイライン

いずれも低湿地を見下ろす台地に立地する。この等間隔に立地した三社をつないだ直線が面白い。冬至の日に氷川神社から見た太陽は氷川女體神社の方向から昇る。そして夏至の日に、氷川女體神社から見た太陽は、氷川神社の裏手に沈んでいくのである（＊1）。

暦上の特別な日の太陽の動きの上に神社が立地していることは興味深い。氷川神社―中山神社（中氷川神社）―氷川女體神社を結ぶ直線をレイラインという。日本全国にレイラインを見ることができる。

この3つの神社を巡ってほしい。そして自身の故郷にもあるだろうレイラインを探ってみるのも一興であろう。

＊1：木本雅康、「日置・壬生吉志と氷川神社（古代の方位信仰をてがかりとして）」歴史地理学、1993年、17頁

第3節　隣接の大宮公園（旧氷川公園）と「日本の公園の父：本多静六」

氷川神社は広大な境内を持っていた。神社は明治維新後その一部を新政府に献上した。1884年、大宮宿周辺の10村が、村民らの公園にしたいと嘆願書を出した。翌年にはそれが認められ県の所有に払い下げられた。

本格的な公園の整備が始まったのは1921年のことである（氷川公園改良計画）。計画の中心人物は本多静六（東京帝大農学部教授）だった。日本の公園の父と言われる人である。

大宮公園に対する市民のニーズは、明治末期から大正期にかけて大きく高まった。交通網の整備によって首都圏に観光ブームが生まれていた。大宮は手軽な観光地となった。1921年の整備計画では、公園面積を4倍にすることが決まった。

時の経過とともに、大宮公園を関東一のスポーツ公園にするという気運が高まった。1940年には東京オリンピックの開催が予定されていた。1937年に日華事変が勃発し幻の大会となったが、公園には陸上競技場や野球場の建設が進んでいた。湿地帯や沼は埋め立てられ、舟遊池が作られた。庭球場、水泳場の加えて遊戯園もできた（＊

1）。
昭和30年代の公園案内図（＊2）がある。現在の大宮公園の姿がこのころには完成していることがわかる。案内図を見ながら、現在の公園との違いを観察するのも楽しい。春には、大量に植樹されたおよそ1200本の桜が満開となる。日本のさくら名所100選に入っている。

大宮公園を本格的公園として設計したのは本多静六だと書いた。本書には、「大人の旅の練習帳」の役割もある。日本を旅するのに彼の名を記憶していて損はない。後述する飯能の観光開発でも彼は貢献している。

次頁に示したように、日本各地の名園を手がけている。本多は明治神宮も手がけた。

明治天皇が崩御したのは1912年（明治45年）のことである。初めて東の都で政務した天皇を国民は慕った。そんな天皇の陵を都内（当時は東京市）に造営して欲しいとの声があがった。音頭を取ったのは実業家渋沢栄一や東京市長阪谷芳郎らである。陵の造営を京都・伏見に決定していた時の政府だったが、東京市民の要望に応え、明治天皇の「御聖徳を偲ぶ社」を東京に造営すると決めた。

それが現在の明治神宮である。造営のテーマは「永遠の社」だった。大正4年（1915

年）その実現を目指して、政府は明治神宮造営局を設置すると造園学、林学、農学などの最高レベルの学者にその作業を委ねた。

神宮内苑の林苑計画の策定と造成事業のリーダーは3名。主査はドイツ留学でドクトル（博士）の学位を取得して帰朝した本多静六だった。専門は造林学であるが、東大で日本初の『造園学』の講義を始め、1903年開園の「日比谷公園」の設計者としても知られていた（＊3）

大沼公園（七飯町）
春採公園（釧路市）
鶴ヶ城公園（会津若松市）
偕楽園（水戸市）
敷島公園（前橋市）
大宮公園（さいたま市）
清水公園（野田市）
舞鶴城公園（甲府市）
懐古園（小諸市）
岡崎公園（岡崎市）
鶴舞公園（名古屋市）
卯辰山公園（金沢市）
養老公園（養老町）
和歌山公園（和歌山市）
箕面公園（箕面市）
日和山公園（下関市）
大濠公園(福岡市)

全国にある本多静六の手がけた主な公園（久喜市HPより）

当時の首相大隈重信は、どうも日本各地の大社のイメージを持っていたらしく、荘厳な杉林を想定していた。しかし、神宮建設地となった代々木の土地は針葉樹の成長には不向きだった。

本多らは、造営する杜《もり》の50年後、

100年後、そして150年後を考えた。杜は異なった樹種の成長の特性でその姿（林相）を変化させる。それを考慮した計画を元にして大隈を説得し了承を得た。

本多らは、最終的にカシ、シイ、クスノキなどの常緑広葉樹が支配的になる林相を計画した。しかし広葉樹だけではやはり単調である。将来ビジョンを崩さない程度にアクセントをつける風致木を配して、訪れるものの目を楽しませる工夫も凝らした。

東京山手線原宿駅を降りればもう明治神宮の入り口である。先人は、東京人の心の落ち着く杜を50年100年単位の将来を見据えて作り上げてくれたのである。

都内からの大宮公園訪問者は、明治神宮の杜をもう一度歩きたくなるに違いない。

＊1：大宮公園グランドデザイン検討委員会、同報告書、2019年、12頁
＊2：同右
＊3：進士五十八、明治神宮の森：林学者や造園家によるナショナルプロジェクト、2020年、nippon.com

第4章 芭蕉の旅と斎藤実盛

芭蕉堤（草加市）、妻沼聖天歓喜院・斎藤実盛館跡（熊谷市）

第1節　行く春や鳥啼き魚の目は涙：奥の細道・旅の始まり

読者の多くは「芭蕉好き」ではないかと想像する。俳聖と言われる芭蕉の句は奥が深い。わずか17文字による表現手法であるだけに、言葉ひとつひとつに深い意味を持たせなくてはならない。

芭蕉句が素晴らしいのは若き日に頭に叩き込んだ古典漢籍の知識がそこかしこにちりばめられているからだ。それだけに芭蕉の句の鑑賞は、読み手にとっても知的格闘技となる。こちらの知識が足りなければ、ポカーンと阿呆面を晒す羽目になる。

芭蕉が、何もかも捨てて、現代風に言えば断捨離を実行して東北行に出たのは1689年春46歳の時である。そのまま江戸にとどまれば、スポンサーとなる旦那衆や弟子に囲まれた安穏な生活であった。

当時は人生五十年の時代だった。芭蕉は死に近づいていることを知っていた。その前に、先人たちが歌にした東日本の名所をどうしても目にしておきたかった。穏やかな余生よりも行き倒れを覚悟の旅を選んだ。

実際、芭蕉はこの5年後、現在の大坂で亡くなった。足腰が動くうちに旅しておきたいという芭蕉覚悟の旅だった。それは彼の愛した先人とりわけ西行の足跡を訪ねる旅でもあった。

さて、奥の細道旅立ちの句である「行く春や鳥啼き魚の目は涙」はよく知られている。深川から名残惜しやと見送りにきた親しき友も支援者も、奥羽街道最初の宿場千住までであった。ここからは弟子曽良との二人旅となる。離別の悲しさを過ぎ行く春の憐れの感情に包んだ。

学校では、「魚が涙する」という斬新な表現を味わえと教えられる。「人間ばかりでなく、無心な鳥や魚までも感ずると見え、鳥は悲しげになき、魚の眼には涙があふれているようだ」（井本農一『芭蕉その人生と芸術』）などが典型的な解説である。

わたしはこの解釈に納得がいかない。芭蕉が、なぜ「魚にまで涙させたのか」の説明になっていないからである。

芭蕉には「蕉門十哲」と呼ばれる高弟がいた。その一人に杉山杉風《さんぷう》がいる。杉風は、日本橋で「鯉屋」の屋号を持った幕府御用魚問屋の旦那だった。深川の芭蕉庵を提供したのも彼だった。鯉屋市兵衛（藤左ヱ門）の名で知られる。芭蕉が奥の細道の旅に立ったのは杉風の庵室「採茶庵《さいとあん》」からだった。採茶庵は再建され、そこにはこれから旅立

採茶庵跡　東京都江東区深川１丁目８　©三人日

とうとする旅姿の芭蕉像もある。

スポンサーとしての杉風の存在に目配りすれば、「行く春や鳥啼き魚の目は泪」の鑑賞にも新しい視点が出てくる。たしかに「魚が泪する」という表現は芭蕉の超人的センスを感じさせる。

しかし、よく考えれば、芭蕉の江戸生活を担保した魚問屋の杉風が、師との別れに流した涙だったのではなかったか。「魚」を「杉風」に詠み替えれば実に素直な句なのである。

芭蕉は、西行法師を慕っていた。西行は、二度にわたって奥州を旅し先々で歌を詠んでいる。芭蕉は西行の辿った行程を自分の足で確かめたかったのである。自身の目で、西行の詠んだ美しき奥州の地を自分の目で見たかったのである。古代から伝わる歌枕の名所に立ちたかった。

奥の細道の旅行目的は、陸奥の歌枕を訪ねることにあったが、同時にそれは西行法師の足跡を辿る事であった（＊1）

先に、平将門の乱について書いた。将門は、新皇即位後に朝廷から派遣された藤原秀郷・平貞盛らの軍に敗れて殺された（940年）。

1118年生まれの西行は、将門討伐に功のあった秀郷の子孫であった。佐藤義清《のりきよ》が出家前の俗名である。毛並みの良かった義清は、「18歳で左兵衛尉となり、鳥羽院の北面の武士として仕えるようになる」（＊2）。「男色華やかなりし時代には、院のおめがねに叶った若武者が、枕席にはべることもあった」（＊3）だけに、義清もそんな一人であったのかもしれない。

上皇護衛の北面の武士と聞くと、武骨で屈強な男たちの集団のように思えるが、そうではなかった。確かに弓術・馬術に秀でていなくてはならなかったが、容姿端麗で

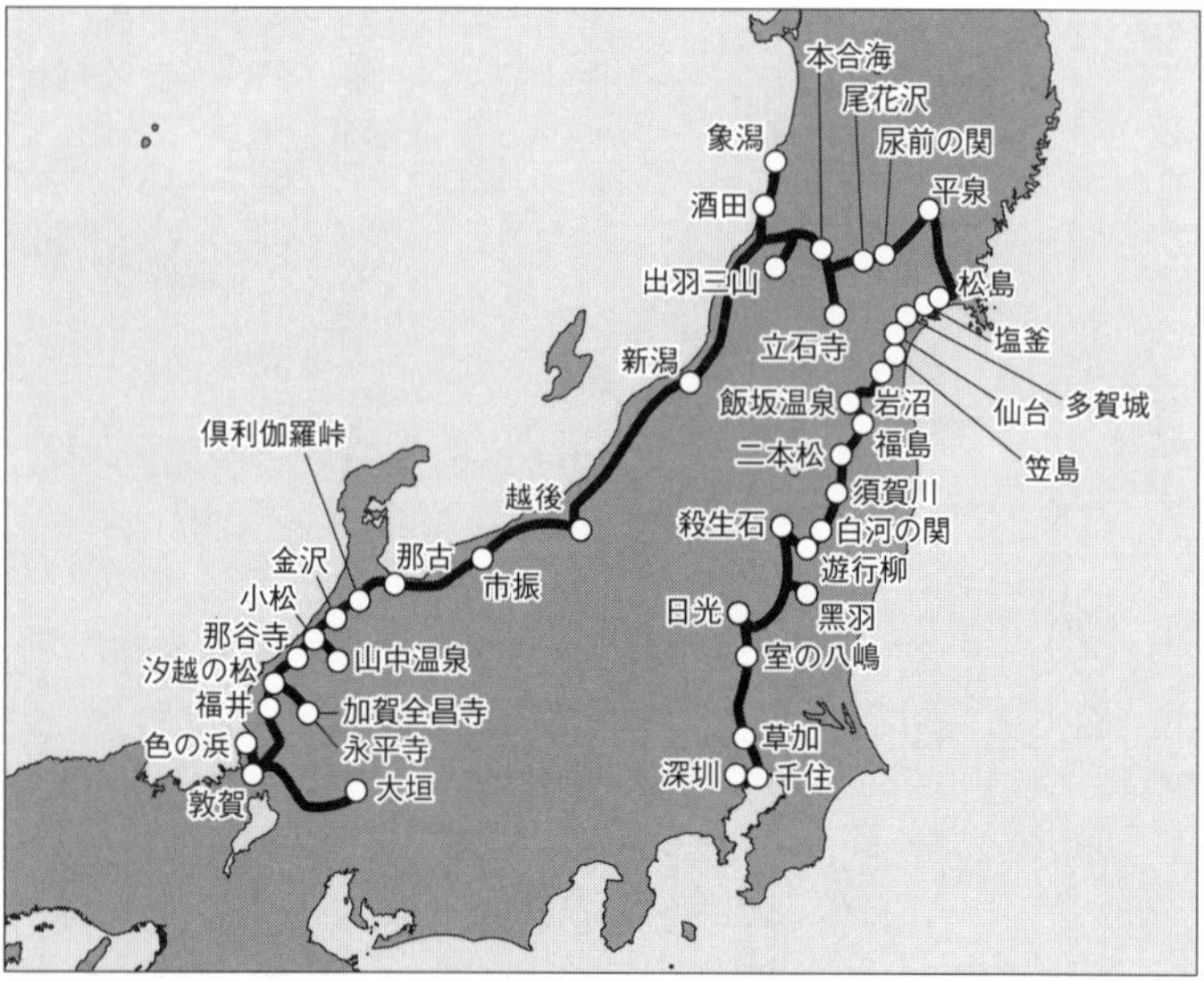

奥の細道のルート　出典：NAMS 出版プロジェクト HP
http://nam-students.blogspot.com/2016/11/com.html

あり詩文和歌管弦などに通ずる教養が必要とされた。つまり北面の武士とは、「若き御伽衆」でもあった。

しかし、わずか5年で出家を決断する。その理由については多くの推測がなされているが本当の理由はわからない。

出家後京都洛外の嵯峨に庵を結んだ。嵯峨には8年住んだが、この間に陸奥・出羽を旅したのである。西行は和歌に秀でていたこともあって、古《いにしえ》より、歌枕（和歌に謳われる名所）となった東北各地を巡りたかったのである。

西行法師の旅は、白河の関から始まる。西行が慕っていた能因法師は、「都をば　霞とともに立ちしかど　秋風ぞ吹く　白河の関」と歌っている。「芭蕉の心の中の出発点は白河の関であり、むすびの地は敦賀の種《いろ》の浜ではなかろうか」（恒松侃）。

言うまでもなく、この時代には名所の描写は詩である。写真はない。詩を聞くものは現代人には想像もできないほどの旅心を刺激されたに違いない。

芭蕉は西行の跡を追った。西行の旅の始まりの歌枕は白河の関である。そういう意味では、江戸から白河までの旅程は、単なる移動の行程であった。

そうは言っても、白河までは本当の奥の細道ではないと言ってしまっては見も蓋もない。白河に至る過程でも名句が生まれている。

芭蕉の旅は両国深川から千住までの舟旅で始まった。そこからは徒歩の旅である。千住から日光街道を北上すれば草加である。

芭蕉ファンは全国に多く、奥の細道ルート全行程を歩く強者もいるが、草加市は一般人にも芭蕉を偲ばせるとっておきの舞台を用意している。

草加松原遊歩道である。南に下る綾瀬川右岸沿いにおよそ1・5㎞に渡って延びるこの道は旧日光街道を利用してできたものである。両側には、600本の松が植樹され、

草加松原遊歩道　aki/PIXTA

壮観な松並木を作っている。

遊歩道の南端は札場河岸公園になっている。公園入口近くに芭蕉像が立つ。

かつては、芭蕉と曽良の最初の宿は草加宿だと信じられていた。芭蕉がそう書いていたからである。深川を出た日（1689年5月16日〔陽暦〕）の記述には、「其の日漸《ようよう》と、草加といふ宿にたどり着きにけり」とある。

本人が書いているのだから間違いないと思ってはいけない。俳聖芭蕉にとっては、文学的な誇張や「嘘」はお手の物である。奥の細道は芭蕉が死を覚悟した旅だった。それだけに奥の細道は芭蕉にとっては命を懸けた「文学作品」であった。

夕暮れの草加松原遊歩道南端芭蕉像
（著者撮影）

旅の記録（紀行文）ではないのだから、「文学的嘘」があっても構わないのである。

千住・草加間はわずか9kmほどである。30kmほど歩くのが普通の時代にあって、9km歩いただけで宿をとるのはいかにも不自然だったが、本人がそう書いていた。

昭和18年、同行の河合曾良の『随行日記』が出版された。曾良は、その日は「カスカベに泊まる」と記していた。

千住・粕壁（現・春日部）間はおよそ17km。普通に歩いても4時間はかからない。曾良の日記公開以降、奥の細道の「初日の宿泊地は粕壁宿」が定説となった。ただ「カスカベ」の宿がどこであったかはわかっていない。

芭蕉はなぜ「嘘」を書いたのか。

福島民友新聞（2019年4月）は次のように書いている（＊4）。

なぜ草加と書いたのか。理由は「足取りの重さを強調する演出」（佐藤勝明・和洋女子大教授）といわれる。千住―草加間の芭蕉の文も「旅で苦しんでも、未知の土地を見て、生きて帰れたなら…。そんな当てにならない期待をして、ようやく草加にたどり着いた」と悲壮感が漂う（後略）。

＊1：恒松 侃、「伊勢神宮参詣 松尾芭蕉と西行法師」あいち国文、2015年、67頁
＊2：白洲正子、『西行』、新潮社、1988，20頁
＊3：同右、20〜21頁
＊4：福島民友新聞　2019年4月1日【草加】〈草臥れて宿借るころや藤の花〉街道の面影が残る松並木：おくのほそ道まわり道

第2節　むざんやな兜の下のきりぎりす：斎藤実盛館跡

前章で書いたように芭蕉の旅の目的は、古歌の歌枕にある名所を死ぬ前に見ておくことだった。

芭蕉は、若いころから西行の歌集「山家集」を読んでいた。西行晩年の句に小夜の中山を謳った句がある。小夜の中山は東海道の難所（旧東海道の日坂宿と金谷宿の間の峠：現・掛川市）だった峠である。

年長けて　また越ゆべしと　おもいきや　命なりけり　小夜の中山

西行は若いころ小夜の中山を越えたことがあった。その「中山を命あったればこそ、今日また再び越えるのだ、という老西行のいのちへの感動が込められた歌」（＊１）である。

さて白河の関に着いた芭蕉は、漸く「旅心定まりぬ」と書いている。白河の関について初めて、「歩きぬいてやる」という気力が湧いた。白河の関で西行との「同行二人」

が始まった。

芭蕉は、平家物語の舞台をも訪れている。平家物語はもののあはれの物語であるだけに、芭蕉は語られた事件の現場に立ちたかった。平泉近くの衣川館では、兄頼朝に謀反を疑われた義経の最期を思い、「夏草や兵《つわもの》どもが夢の跡」と詠んだ。杜甫の漢詩「国破山河在（国敗れて山河あり在り）、城春草木深（城春にして草木深し）」を踏まえている。現場に立つと歌心が刺激される。

1689年9月8日（陽暦）、日本海岸を南下してきた芭蕉は、多太神社（石川県小松市）を訪れた。奉納されている斎藤実盛の兜をどうしても見たかったのである。その二日後に、山中温泉を訪れたが、その途次で同神社を再び詣で、一句奉納している。

むざんやな兜の下のきりぎりす

実盛への深い思いがわかる。芭蕉はこの時の様子を次のように書いている。

此所、太田の神社に詣。実盛が甲・錦の切あり。往昔、源氏に属せし時、義朝公より

多太神社に奉納されている斎藤実盛の兜　©多太神社

給はらせ給とかや。げにも平士《ひらさぶらい》のものにあらず。目庇より吹返しまで、菊から草のほりもの金をちりばめ、竜頭に鍬形打たり。実盛討死の後、木曾義仲願状にそへて、此社にこめられ侍よし、樋口の次郎が使せし事共、まのあたり縁起にみえたり（奥の細道）。

なぜ芭蕉は多太神社を二度も詣でたのか。芭蕉は、奥の細道の旅は行き倒れも覚悟だった。そこかしこで先人たちの死にざまを「見」、行く先々でもののあはれに「涙する」旅だった。

斎藤実盛の死は平家物語でもとりわけ涙を誘う。

実盛は、1111年、越前国南井郷《なおいごう》（現・福井県鯖江市南井町）に河合則盛の子として生まれた。13歳の時に、武蔵国長井郷領主斎藤実遠の養子となり助房から実盛と名を変えた。長井郷は現在の熊谷市北部である。31歳の時、義父の死去により斎藤家を継いだ。

第2章で、関東の地に源氏武者が広がった経緯を書いたが、そうした武者の一人に、源義朝がいた。彼は名が二文字だから嵯峨源氏ではない。清和天皇から始まる清和源氏であり、大坂河内に勢力を置いたから河内源氏とも言う（36頁系図参照）。

義朝は、源氏の棟梁為義の嫡男である。為義は、義朝を関東に遣った。関東では京の貴族や有力社寺の荘園公領（この時期は郷と呼ばれることが多い）を在地領主が管理していた。義朝はそうした在地領主を坂東武者として束ねる役目を任されていた。

義朝は、まず、鎌倉郡由比郷、大蔵郷、深沢郷といった現在の鎌倉市となっている地域を押さえ館を構えた。さらに周辺の在地領主との関係を強化していった。三浦義明の娘との間に義平を、波多野義通の妹とは朝長をもうけた。

関東に強力な人脈を築いた義朝は父為義の隠居にともない京に戻り源氏の棟梁となった。父帰京後に所領を預かったのが長子義平だった。相当な猛者だったようで、「鎌倉の悪源太」と呼ばれた。

このころ、叔父義賢も関東にいた。有力な在地領主秩父重隆の娘を娶り武蔵国比企郡（現・嵐山町）にある大蔵館にいた。後に木曽義仲と呼ばれることになる長子駒王丸はここで生まれた。1154年のことである。

翌55年、「悪源太」義平がこの大蔵館を襲い義賢を殺した（大蔵合戦）。義平は、義賢が秩父氏と組み、自身の本拠地鎌倉を狙っていると疑ったのである。

この時、母小枝《さえ》御前は駒王丸を懐に抱き逃げた。母子に助けを求められた畠山重能が、二人を預けたのが斎藤実盛だった。実盛は、暫く自身の本拠地妻沼に二人をかくまったが、最後は、信州木曽の中原兼遠に養育を委ねた。兼遠は、駒王丸の乳母の夫だった。駒王丸が後の木曽義仲である。

読者はここで漸く、義仲と実盛の関係に合点がいったはずである。実盛は、義仲にとっての恩人だった。その実盛が、1183年篠原の戦いで敵味方としてあいまみえることになる。その詳細は次節に譲る。

実盛の館は今はないが、邸跡と思われる場所に小さな碑が立っている。大人の旅の醍醐味のひとつは、こんな碑を探し出すことにある。碑は熊谷市西野を流れる福川の

斎藤実盛館跡の碑

堤とぽつんと立った民家の間にひっそりと立っていた。
訪れる人は少ないらしいが、小さな箱に案内のパンフレットが入っていた。

＊1：赤羽根龍夫、「芭蕉の心を吹いた風」、神奈川歯科大学基礎科学論集、1989年、5頁

第3節　もののふのあはれ：髪を染める実盛

実盛が預かっていた駒王丸（義仲）を、木曽の中原兼遠に預けた翌年、京で戦乱が起きた。世にいう保元の乱である。

紙幅も限られているので詳しくは書けないが、この戦いの原因を知らないとこの時代を理解できない。

下段の図を見てほしい。ひと目で皇室の異常な女性関係が見て取れる。第74代鳥羽天皇の皇后に藤原璋子（待賢門院）がいる。母は藤原隆方の娘で、堀河・鳥羽天皇の乳母であった光子である。璋子を白河上皇（法皇）が溺愛した。これが後に起きる保元の乱の根本原因である。

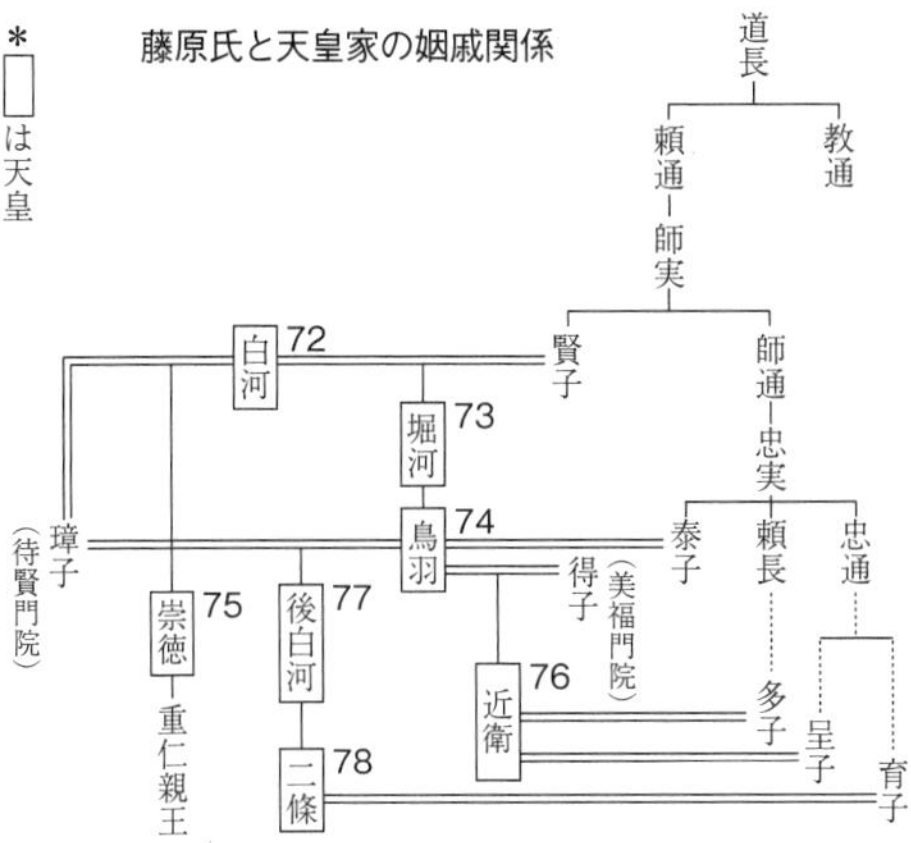

藤原氏と天皇家の姻戚関係

＊□は天皇
＊＝は婚姻・男女関係
＊……は養子（女子）

出典：渡部昇一『渡部昇一の古代史入門』ＰＨＰ研究所

白河法皇は「純情な人だった」（＊1）。中宮藤原賢子を深く愛していたが彼女は28歳で亡くなってしまう。寂しさの中で愛した女が祇園女御である。素性はよくわかっていない。

この二人が、父大納言藤原公実を亡くした璋子を引き取り養育した。ところが白河天皇は、「この少女を可愛がり、ふところに抱いていつくしんだ。そして手がついたのである」（＊2）。

白河帝は、璋子を、自身の孫の鳥羽天皇の中宮（皇后ではないが同資格）にした。鳥羽帝はまだ10代だった。この二人から生まれた崇徳は75代の、後白河は77代の天皇となった。

しかし、崇徳はどうも祖父白河法皇の子らしかった。鳥羽帝からすれば自身の長男であるが、祖父の子であれば叔父になる。鳥羽帝はそんな子を愛せず「叔父子《おじご》」と呼んだ。しかし、白河法皇の力は絶大で、鳥羽帝は早々に帝位を外され「叔父子」の崇徳が帝位についた。堀河天皇も鳥羽天皇も白河法皇が帝位につけていた。法皇の力は絶大だった。

1129年、そんな法皇も世を去った。そうなると鳥羽上皇も自由が利く。早速、「叔父子」の崇徳帝を退位させ、皇后の美福門院得子《なりこ》の産んだ三歳の子を即位させた。近衛天皇である。

しかし近衛天皇も17歳で早逝する。ここで後継者問題が勃発する。早々に退位させられた崇徳上皇は自身の子重仁親王を即位させたかった。しかし、弟の後白河が擁立されてしまう。

美福門院は、後白河の長男を養育していた。鳥羽帝と美福門院は、この子が可愛くて仕方がない。この子を帝位につかせるために、擁立したのが、父である後白河だった（1155年）。

ここまでが保元の乱のバックグラウンドである。帝やそれを取り巻く女たちの欲望が渦巻いていることがおわかりになるだろう。ここに摂関家藤原氏の権力争いが加わるがこれは割愛する。

誰もが、鳥羽帝と崇徳帝の確執は武力衝突になるだろうと噂した。鳥羽帝は、自身の近衛兵である北面の武士に皇后得子に忠誠を誓わせた。選ばれた10人の筆頭武士が源義朝だったのである。

一方の崇徳帝が頼ったのは、よりにもよって義朝の父為義だった。期待する長男義朝が後白河天皇側についた以上断りたかったようだが、結局は崇徳についた。為義は、自身のもう一人の子為朝を陣営に引き込んだ。為朝は、九州の在地武士をまとめていた戦いの猛者であった。

先に伊勢平氏について書いた。平氏の軍事貴族化に成功した忠盛の子清盛は、後白河天皇方につき義朝とともに戦った。日本史では必ず記述される保元の乱だが、戦いそのものはあっけないものだった。わずか一日の戦いで後白河天皇方の勝利となった。

夜襲を潔ぎよしとしないと躊躇っていた崇徳上皇方に、後白河勢が夜襲をかけたのである。崇徳は隠岐に流された。負けた側

保元の乱関係図

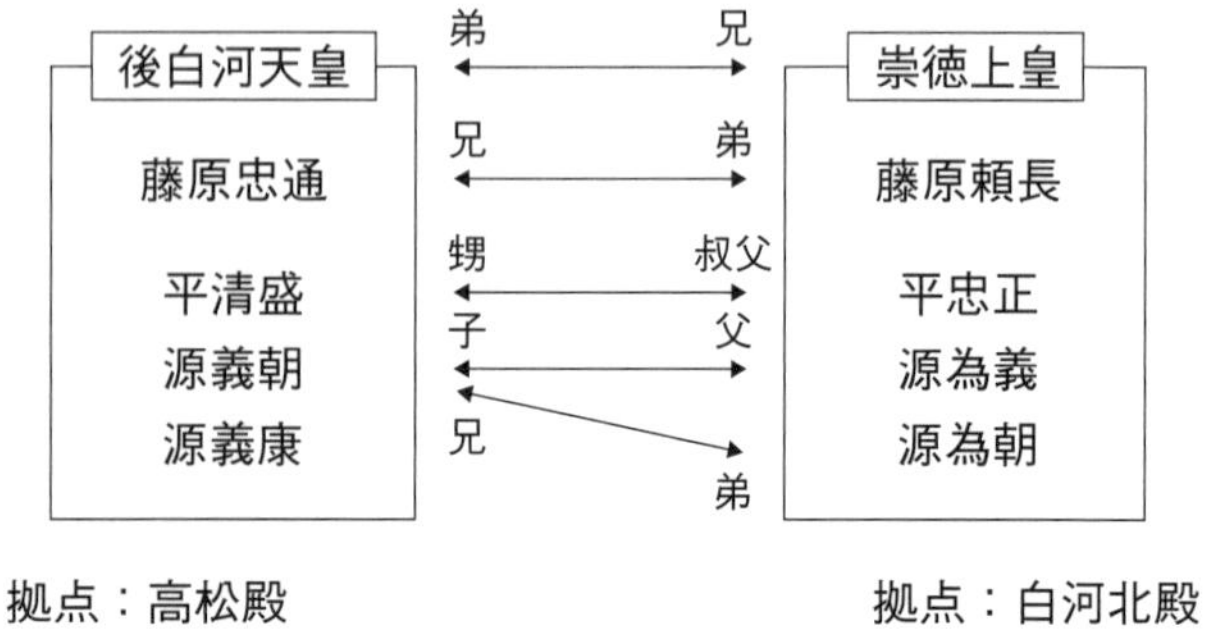

出典：中学受験に塾なしで挑戦するブログ―やってみた編→できました。
https://bunpon.com/?p=1169

の武士に対する処罰は厳しかった。老いた為義が息子の義朝に斬首されたことはすでに書いた。弓の名手為朝は、肘の筋を切られたうえで、伊豆大島に流された。

さて本章のテーマである斎藤実盛だが、この戦いでは後白河天皇についた義朝に協力した。その恩賞に兜が贈られた。実盛は所領の安堵も受け、義朝恩顧の源氏系坂東武者として盤石の地位を築き上げた。

ところが保元の乱の3年後（1159年）、今度は清盛と義朝が対立する。平治の乱である。実盛は義朝について参戦したが清盛の勝利となった。落ち武者となった義朝は関東に逃げたが、知多半島まで来た時に裏切りにあって殺された。

一方の「落ち武者実盛は失意のうちに武蔵国長井荘に帰邑」（＊3）した。彼は平家による討伐を覚悟していた。そんな彼に、新しく長井郷を知行国とした平宗盛から、平家の家人になるよう懇請する丁寧な書面が届くのである（＊4）。

実盛は自身のためというよりも一族の将来を気にしていた。それだけに、宗盛の書状が嬉しかった。源氏から平氏に乗り換えると決めた。

その後の平氏一族は、清盛に率いられ繁栄したことは読者もよく知るところである。実盛も、一族の繁栄を祈念して妻沼歓喜院（聖天）を創設した（1179年）。

ところが、この翌年（１１８０年）、実盛の人生を大きく変える事件が起きた。伊豆にいた源頼朝が、平家打倒を呼びかける以仁王（後白河天皇第三皇子）の令旨を受けて決起したのである。頼朝は、かつての同志義朝の子ではあったが、実盛は、一族の安寧をはかってくれた平氏を裏切る気持ちにはなれなかった。

実盛と同様に平氏の恩情に感謝し、平家方についた坂東武者は少なくなかった（＊5）。頼朝は伊豆で決起したが石橋山の合戦で平家方に敗れ房総に逃れた。それでも頼朝は、関東の源氏武者を糾合し、打倒平家の大きなうねりを起こすのに成功した。それ以降、源氏勢の勢いは止まらなかった。

１１８０年11月（西暦）、富士川の戦いで平家軍は大敗した。この少し前には、木曽で育っていた義仲が挙兵していた。

義仲は、越後経由で北陸道を京に向けて進軍した。迎え撃つ平家軍との前哨戦が倶利伽羅峠の戦いだった（１１８３年6月2日、西暦）。この戦いに勝利した義仲軍は更に西に進み、加賀の国篠原（現・加賀市篠原）で平家軍との決戦に望むことになる（6月22日、西暦）。この戦いに実盛は平家方の武士として駆けつけた。

一旦、わが身を旧恩ある平家の我が世の春に賭けた以上、戦局が逆転したからといって、古巣に寝返り、保身の鞍替えをするなどということは、彼の武者の誇りが許さなかった。彼は惨敗を喫する羽目になる篠原の合戦前に、先祖代々の故郷、越前で討ち死にする覚悟で、平家の総大将、宗盛に暇乞いに参上した（＊6）

戦いを前に実盛は白い髪を墨で染めた。とうに70を超えていただけに、敵に老い武者として侮られたくなかったのである。

篠原の合戦は平家の惨敗だった。実盛は義仲軍の手塚光盛に打ち取られた。戦う前に実盛は名を明かさなかった。実盛の首は義仲の前で首実検された。

実盛が、義仲親子を信州に移した時には、義仲は幼かった。実盛という恩人の存在は知っていたが顔を覚えてはいない。実盛を知る樋口兼光を呼んで検分させると、実盛公であると思うが随分と老いているのに髪が黒いと訝った。近くの池で首を洗うと墨染の髪が瞬く間に白髪に変わった。

兼光はここでようやく、「あな無惨やな斎藤殿にて候」と確信したのである。白髪の首をみた義仲の目からも涙がこぼれた。

多太神社に兜が残る。芭蕉が、「むざんやな兜の下のきりぎりす」と詠んだ兜である。これは、義朝から実盛にその武勇の感謝のしるしに贈られたものであった。実盛は、義仲元服の祝いにこれを届けていた（＊7）。

義仲は、この兜を多太神社に奉納し、実盛の御霊を弔った。

＊1、2：渡部昇一、『渡部昇一の古代史入門』、ＰＨＰ研究所、２００６年、３０８頁
＊3、4：児玉正幸、「平家物語」に見える中世部門の倫理（その二）、密教文化、１９９２年、８頁
＊5、6：同右、9頁
＊7：同右、7頁

第4節　実盛に会いに行く：妻沼聖天山歓喜院

ここまで読み進んだ読者は、実盛に会いたくなるであろう。篠原の合戦場（古戦場跡）には実盛塚と首洗池が残るが越前は遠い。熊谷市妻沼の聖天さん（聖天山 歓喜院／通称：妻沼聖天山）に行けば彼に会える。

妻沼聖天山には、十分な駐車場がある。門前商店街から石柱門を抜けると貴惣門が見える。その右手に実盛公の像がある。左手に手鏡を持っているが、これが出陣前の髪染め鬢染めの場面なのである。

戦前の子供たちは実盛の悲劇を知っていた。小学校唱歌「斎藤実盛」を聞いていたからだ。現代人にはなじみが薄いが、像の前に設置されているサウンドモールのスイッチを押せばその歌が聞こえてくる。

年は老ゆとも　しかすがに（注：そうはいうものの）
弓矢の名をば　くたさじと
白き鬢鬚《びんひげ》　墨にそめ　若殿原と競ひつつ

妻沼聖天山にある斎藤実盛像
埼玉県熊谷市妻沼 1511

芭蕉ファン、実盛ファンにはこの像を見てから、境内をゆっくり散歩すれば至福の時間である。

妻沼聖天山でもうひとつ見逃してはならないものがある。日本全国に１１３２ある国宝のひとつがここにある。歓喜院聖天堂である（２０１２年国宝）。この建物は実盛の時代からずっと下がって江戸中期のものである。実盛の建立した歓喜院は１６７０年に、妻沼村の大火で焼失した。仁王門と中門だけが残った。しかし歓喜院は村民の布施で、ゆっくりとだが再建されたのである。

歓喜院聖天堂の建立は、１７３５年から始まり１７６０年に完成した。日光東

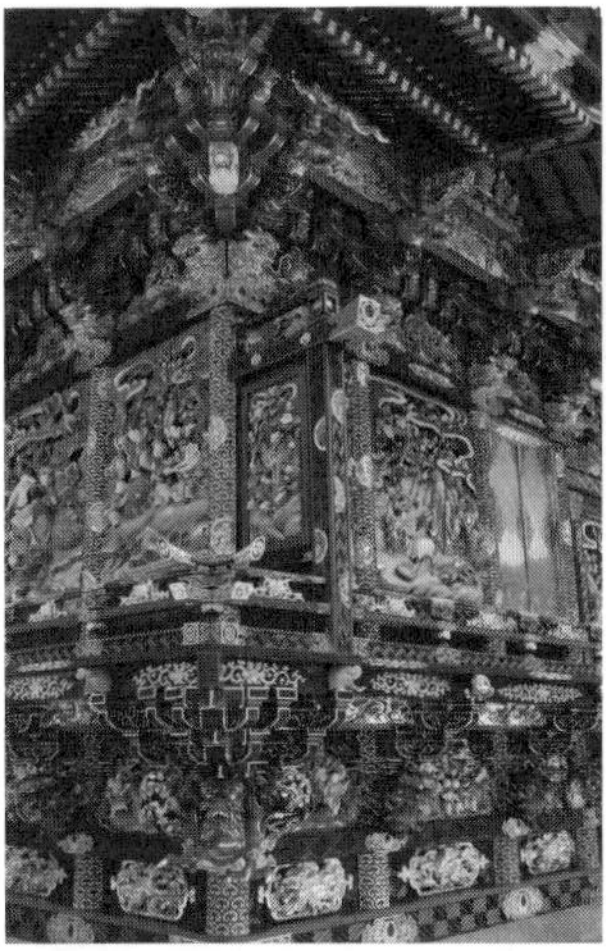

妻沼聖天山の奥殿の彫刻　© Unkei6hokusai4

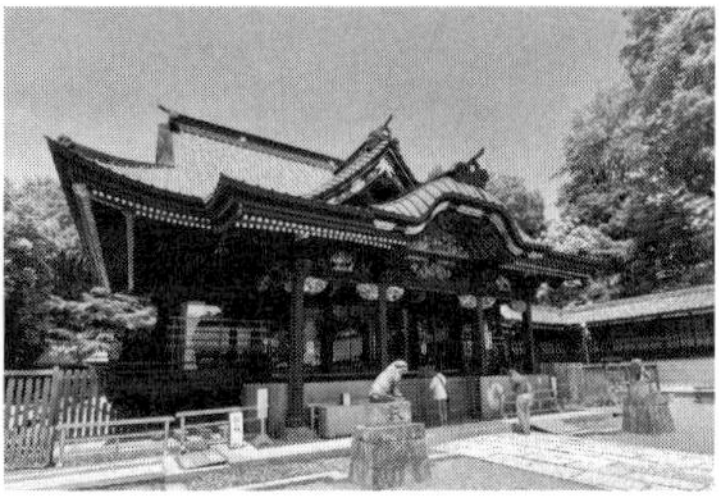

妻沼聖天山の拝殿

照宮などの幕府肝いりのプロジェクトではなかったが、参加した職人たちの腕は確かだった。日光東照宮修復に参加したものもいたことからそれがわかる。

聖天堂は、奥殿と拝殿そしてそれをつなぐ中殿で構成される「権現造」である。壁面は見事な彫刻で埋め尽くされている。彫刻作業の棟梁は上州花輪村（現・群馬県みどり市）出身の石原吟八郎という人物だった。日光東照宮の修復にもたずさわるほどの腕があった（＊1）。

高度な彫りの技術、修復の過程で明らかになった漆塗りの色合いの工夫は見るものを圧倒する。修復の結果色褪せた彫り物に、完成当時の華やかさが戻った。国宝に相応

南北の壁面に施された一対の鳳凰　提供：熊谷市立江南文化財センター

しい出来栄えである。

まず見逃せないのは南北の壁面に施された一対の鳳凰である。

南側は緻密で厳しい表情（小沢常信作）であり、北側は大胆な彫りで立体的（後藤正綱作）だ（よみがえる彩色歓喜院聖天堂・熊谷市Ｗｅｂ博物館）。

拝殿正面には、「琴棋《きんび》書画」のシーンが彫られている。琴棋書画とは、支那の教養人のたしなみとされる四芸のことである。琴は音楽、棋は囲碁将棋で論理的思考、書は読書、画はいうまでもなく絵である。

江戸時代の庶民のレベルは高かった。この時代、世界の国々では、民間教育は普及していないだけに一般人は文盲が多かった。日本では、一般庶民にまで学問することの重要性が理解されていたことがわかる。

まだ面白い彫り物がある。奥殿南側上部にある「三聖人吸酸

琴棋書画の彫刻
© tak1701d

全景」である。

　向かって左が孔子、右の二人の甕に近い人物が釈迦、その隣が老子である。儒教、仏教、道教などの聖人三人が酢をなめ皆酸っぱいと感じている場面だ（三聖吸酸）。「酢はだれがなめても酸っぱい」ことを確認している場面である。三聖人はそれぞれ世の中の心理を語るが、酢は酸っぱいという真実には変わりない。それぞれが物言いは違うが同じ真理を追っているのである。この彫り物を見るだけで、江戸期においては、宗教間抗争はなかったことがわかる。「教えは違っても真理は同じ、他宗を攻撃するな」と指導した家康の思想が社会全体に浸透していたのである。

　聖天堂の彫り物はこれだけではない。読者に

三聖吸酸の彫刻
© tak1701d

は是非本物を見て、高度な江戸文化を実感していただきたい。時間が許せばボランティアガイドの説明に耳を傾けてほしい。

＊1：よみがえる彩色歓喜院聖天堂・熊谷市Ｗｅｂ博物館
(kumagaya-bunkazai.jp)

古代蓮を見る：古代蓮の里

仏教には蓮がつきものである。仏像は大きな蓮の葉《うてな》の上に立っている。仏教は蓮が好きなのである。蓮には「五徳」が宿るからだ。だからこそ極楽浄土は蓮の花に満たされているのである。

泥の中（悪事）から、何事もなかったかのように花を咲かせる。池中の泥（世間の悪事）から顔を出し豪華な花弁を広げる。これが一つ目の「淤泥不染《おでいふぜん》の徳」である。

蓮の花は一つの茎に一つの花を咲かせる。自己という唯一無二の存在を意識した自己が強靭な心で仏の道を修行することを意味する。これが二つ目である。

三つ目は「花果同時の徳」である。桜のように二分咲き三分咲き八分咲はなく。わずか四日で、花を広げ枯れそして一気にたくさんの実をつける。生まれながらに仏の心のある人間が仏を信じれば一気に実をつける（極楽に行ける）のである。

正しい信心の心が、限りない幸福（たくさんの実＝多果）を生む。それが四つ目の「一花多果の徳」である。

最後の五つ目は「中虚外直の徳」である。蓮の根（地下茎）は空洞である。しかし全体は強い。中は空洞ということにより、私が私がという我を空にしてしっかりと悟り（太陽）へ向かうのである。

たしかに、陽射しが強くなった初夏の朝に、ピンクやホワイトそしてイエローに大きく開く花弁はハッとするほど美しい。濁った水面からすくっと立ち上がるように咲くだけに、まさに「淤泥不染の徳」を感じるのである。

仏教にとって特別な価値のある蓮の花が、行田の田んぼで突然に花開いたのは昭和26年のことである。この年、この町の湿地帯を水田にする工事があった。そんな工事で掘り返した湿地帯に突然に蓮が見事な花を咲かせたのである。１４００年から３０００年前の蓮の実が蘇った。

池一面がピンクの花で埋まり、昭和35年に市の指定天然記念物とされた。ところがこの7年後（昭和42年）に枯れてしまった。市民は落胆したが、今度は近くの焼却場建設工事に伴ってできた池にふたたび蓮の花が咲いた。

こうした経緯の中で行田市は古代蓮の里を開園した（１９９５年）。ここでは三種の古代蓮が見られる。この地で見つかった行田蓮、そして原始蓮、大賀蓮である。原始蓮は、植物学者大賀一郎が東大阪市で見つけたものであり、大賀蓮は同氏が千葉県の落合遺跡（＊2）で見つけたものである（＊1）。

古代蓮の里では右記三種のほかに新しい品種も含めて42種があり、6月中旬から8月中旬がみどころである。一つの花の命は4日である。

行田蓮　提供：古代蓮の里

開花1日目には、午前6時ころから少しだけ開いて8時ころにはつぼみに戻る。2日目には同じように開き始め、午前7時から9時ころに満開になる。形も香りも2日目がベストである。そしてこの日も昼前にはつぼみに戻る。3日目も2日目と同様な開き方をするが、夜になっても完全には閉じない。そして4日目には、午前7時ころに満開となり8時ころには花弁を落とす。

古代蓮の里には、その開花時にいきたいが、忙しい現代人にはそうもいかない。筆者は二度ほどここを訪れたがいずれも春の始まりのころで開花にはいささか早すぎた。それでも、ここに書いたような知識を頭に入れておけば十分に楽しめる。一面に広がる蓮の葉を見ながらピンクの花が一面に咲いた様を想像すればよいのである。知識があればなんでも楽しい。

古代蓮の里は十分な広さがあるだけにハイキング気分での散策が楽しい。ゲートを入ると右手に展望タワーが聳えている。埼玉・武蔵の旅を楽しむには、自身の眼に埼玉の鳥観図を焼き付けるとよい。ここからは本書で案内する名所もよく見える。

訪れたのは５月。花期ではなかった
埼玉県行田市大字小針 2375-1

展望台では、まず遠くの景色を望みたい。空気が澄んで晴れていれば最初に目に入るのは南西に見える富士の頂である。埼玉県からは意外と富士がよく望める。南西は陰陽道では裏鬼門である。鬼が侵入するであろう裏鬼門を富士山の美女神・木花咲弥姫命《コノハナサクヤヒメ》が鎮護し埼玉を守っている。

木花咲弥姫命は天孫瓊瓊杵尊《ニニギノミコト》（天照大神の孫）が惚れた女神である。その女神のおわす富士の頂は美しいに決まっている。この美峰を埼玉から存分に拝むことができる。埼

展望タワー　提供：行田市役所

玉には富士見市があることからもそれがわかる。この町のびん沼自然公園にも展望台があり、運が良ければ富士山が見える。

田んぼといえば第3章武蔵の国一宮・氷川神社で次のように書いた。

「氷川神社東方およそ5kmのところに見沼田圃がある。かつて沼沢地帯であったが、将軍吉宗の時代に干拓され耕作地となった」

この見沼田圃の中央を流れる芝川に見沼大橋（さいたま市緑区見沼）がかかる。ここからの眺めも良い。第3章で紹介した氷川神社のレイライン上にある氷川女體神社から北東に徒歩10分の距離である。女体神社訪問の日が澄み切った空気の天気の良い日であれば一石二鳥の旅になる。

東埼玉資源環境組合展望台（越谷市増林）も富士山を望む穴場である。ごみ処理場（第一工場）の煙突を利用した80mの展望台で無料である。

埼玉には富士山眺望の名所は多い。107頁に国土交通省関東地方整備局がまとめた埼玉の富士見スポット表を挙げた。富士山好きの読者は「埼玉版富嶽三十六景」を撮るのも一興であろう。

古代蓮の里展望台から、今度は表鬼門である北東に目を移す。そこには富士山とは全く山容を異にする、底の深い大きめの皿を伏せたような山が見える。筑波山である。

残念ながら、この展望台から筑波山を望むにはよほどの天候に恵まれ空気が透けるように澄み切っていないといけない。何しろ富士山の4分の1ほどの標高（877m）しかない。それでも江戸の人々は「西の富士山、東の筑波」と呼んだ。夕陽に映えると山全体が紫色に見えたことから紫峰とまで呼んでいた。

科学者によれば二つの光の散乱（レイミー散乱、ミー散乱）の具合で人間の目には紫に見えるらしい（＊1）。紫は古来から高貴な色であるだけに、江戸の人々は紫に輝く筑波山に畏怖した。

天候に恵まれれば筑波山はすぐに見つかる。「周りに高い山々が存在しない関東平野の東端にあって、ほぼ独立峰である」（＊2）からである。

そんな筑波山を霊山にしたのは徳川家康だった。小田原征伐（1590年）で関東を制圧した豊臣秀吉に、関東の地を治めよと命じられ、それに従った家康だが、やはり陰陽道を気にしていた。江戸の町の鬼門は浅草浅草寺に任せるが関東平野全体も神に守っていただきたいとの気持ちがおきた。そこで筑波山にあった中禅寺を祈願所にした。明治期の廃仏毀釈の嵐の中で中禅寺は取り壊され、現在の筑波山神社となった。

家康亡き後、孫の家光が天海僧正と「謀って」、空の棺を運び込み日光に「東照大権現」を眠らせるイリュージョンを演出したらしいことは、第1章で書いた。天の中心である北極星（北辰）の下に祖父の御霊を祀ることで江戸の鎮護と徳川将軍家の末永い繁栄を祈った。

家光は、日光山だけでなく、祖父家康

さいたま市	シーノ大宮センタープラザ
さいたま市	荒川総合運動公園と公園通り
さいたま市	見沼田圃
川越市	入間川からの富士
	・入間川 初雁橋下
	・安比奈親水公園
熊谷市	久下橋
春日部市（旧庄和町）	首都圏外郭放水路庄和排水機場
鴻巣市	御成橋
上尾市	上尾市戸崎地区
新座市	新座市役所本庁舎8階ラウンジ
富士見市	びん沼周辺
坂戸市	浅羽ビオトープ
ふじみ野市（旧大井町）	武蔵野からの富士
ふじみ野市（旧上福岡市）	新河岸川堤防
川島町	川島町 水田からの富士

埼玉の富士見スポット（国土交通省関東地方整備局HPより）

が大事にした筑波山も整備した。家康の亡くなった10年後の1626年、筑波の社を一新する造営工事を始めた。その資材運搬道路に「つくば道」を整備させた。社が完成すると、この道が参詣に利用された。

古代蓮の里展望台から、江戸の鬼門と裏鬼門を守る二つの霊峰を望めるのである。埼玉の旅を堪能した読者には、是非、筑波山までも足を延ばしてほしい。天気さえよければ筑波山からも富士が望める。

展望台からその目を少し近場に移し、西南西を見下ろすとそこには教科書で学んだ前方後円墳が見える。わずか2・6㎞の距離である。

次章では、埼玉県の誇る古墳群、さきたま古墳公園に足を運ぶことにする。

＊1、2：坂本 隆、「筑波山はなぜ『紫峰』と呼ばれるのか」、ヒューマンインタフェース学会、2022年第28回「筑波山はなぜ『紫峰』と呼ばれるのか」：ヒューマンインタフェース学会（https://jp.his.gr.jp/relay-essay/028）

第5章
金錯銘鉄剣に記録された115文字

前玉神社、さきたま古墳公園（行田市）

第1節　前玉神社とさきたま古墳公園

埼玉に住む人は知ってはいても、県外の人にはその地名の由来はあまり知られていないようだ。埼玉はかつて前玉《さきたま》であった。文献上、前玉と確認できるのは726年の山背国戸籍帳（正倉院文庫）に記載されていた「武蔵国前玉郡」である（＊1）。

前玉が現在の埼玉に変化した。行田市埼玉には前玉神社がある。社殿は、三つの鳥居をくぐった先の石段を昇った丘の上に立つが、この丘は古墳である。前玉は「前《さき》の魂」の意らしい（＊2）。つまりご先祖様（氏族の長）の魂を祀る神社なのである。

確かに前玉神社周辺は古墳ばかりである。氏族の長の魂が溢れている土地を見下ろす社であることがわかる。

次頁に示した地図からもわかるように、本章で扱う「さきたま古墳公園」は前玉神社からわずか徒歩5分の距離である。

古墳公園は、大型円墳2基、方墳1基に、大和朝廷のシンボルである前方後円墳8基で構成される。敷地は39万平方m。ゆっくり歩いてまわるには2時間はかかる。

ここは大宮台地の北端部に位置する高台である。この周辺では旧石器時代から縄文・

前玉神社
埼玉県行田市埼玉 5450　CITY LIGHTS photo/PIXTA

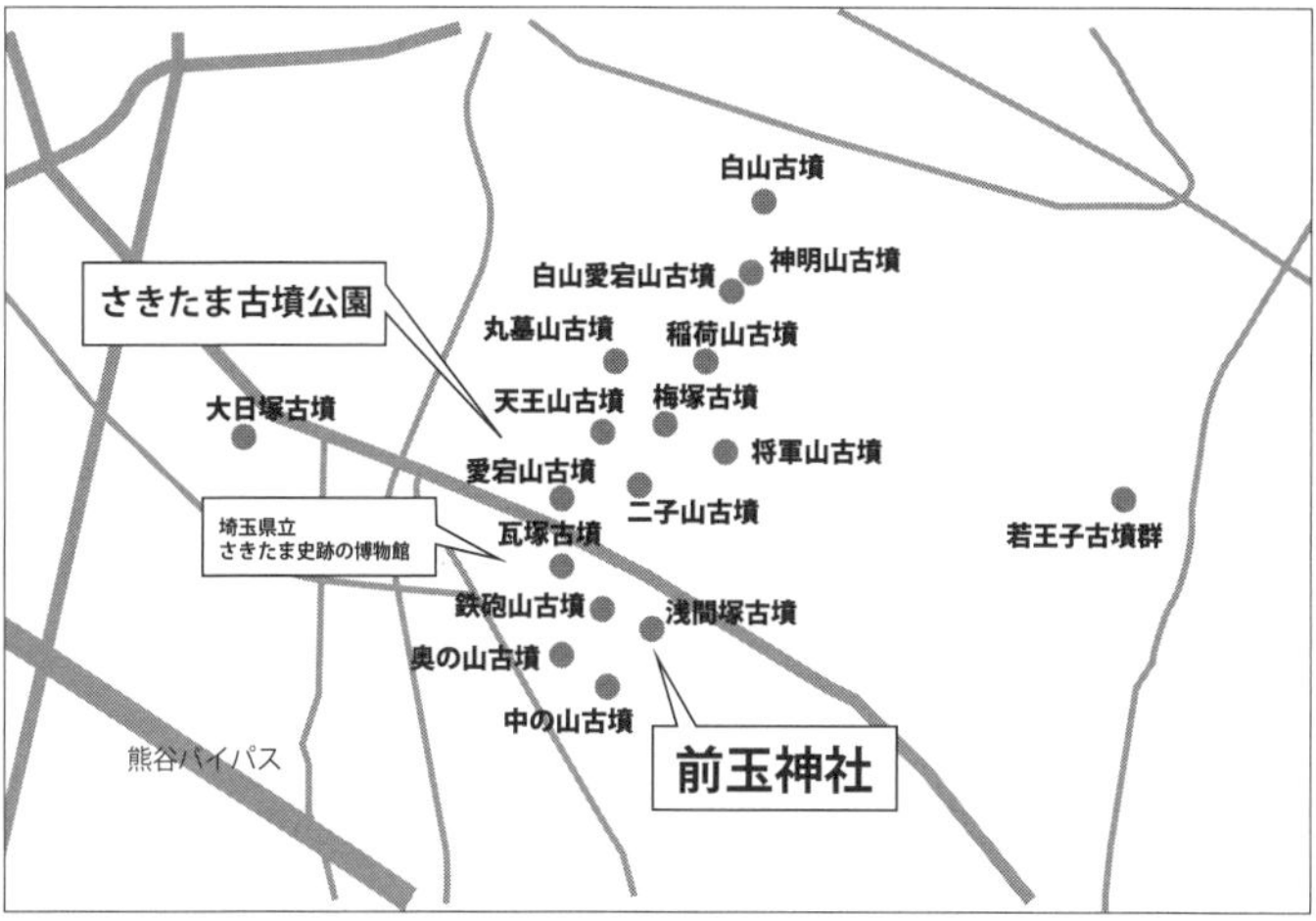

前玉神社周辺の古墳群

弥生時代と続く遺跡が発掘されている。相当に古い時代から古代人の生活には便利な所だったことがわかる。この時期の台地はもう数メートル高かった。

＊1、2：中村倉司、『「さきたま」の地名由来』、埼玉県立史跡の博物館紀要第5号、2011年、26頁

第2節　稲荷山古墳と国宝・金錯銘鉄剣《きんさくめいてっけん》

公園内の古墳は11基だが古墳群全体では45基を超える。

古墳銀座ともいえるこの一帯を、埼玉県は史跡公園にすると決めた。それが「さきたま風土記の丘」整備事業（昭和42年、1967年）だった。この翌年（1968年）8月、古墳公園内の稲荷山古墳（前方後円墳）の調査が始まった。そこで見つかった埋葬施設から多数の副葬品が出土した。

埋葬された人物の左足元に一振りの錆ついた鉄剣もそのひとつだった。調査から10年経った昭和53年、保存修理の際にレントゲン撮影すると剣身両面に金象嵌された文字が浮かび上がった。

さきたま古墳公園
埼玉県行田市埼玉 4834

稲荷山古墳

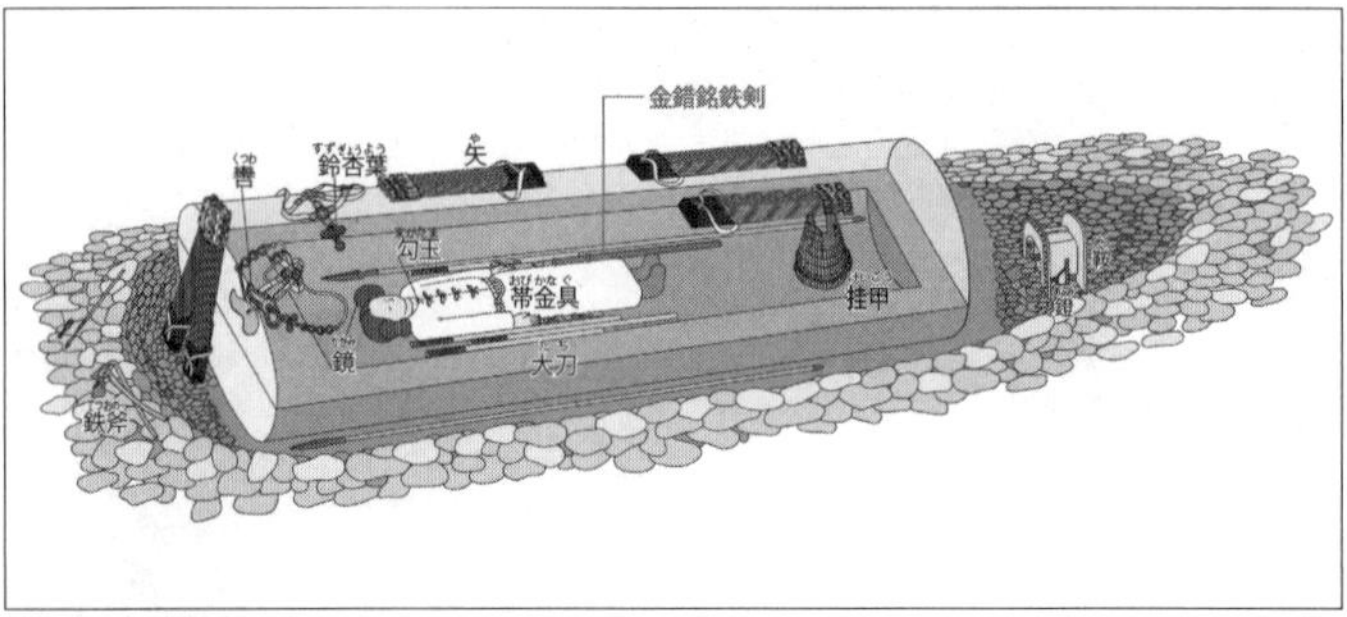

提供：埼玉県立さきたま史跡の博物館　注：礫槨（れきかく）とは、礫（れき＝小石）を敷き詰めて木棺を安置する埋葬施設）

金文字の数は115。そこに剣制作の意図が記録されていた。

銘文には、刀を作らせたヲワケという人物の先祖8代にわたる系譜と、ヲワケ一族が、ヤマトの大王家（大和朝廷）に代々仕えてきたことが記されていた。そしてこのオワケが、この辺りの土地（武蔵）を治めるのに協力したことを誇るために鉄剣を作ったとあった。

辛亥の年の制作であると記されていたことからこの年は471年らしいこともわかった（＊1）。被埋葬者は、どうも北武蔵の豪族で、ヤマト王権に王の側近としてしばらく働いた人物のようである。ヤマト王権では大王の親衛隊長のような職務であったようだ。その後、故郷武蔵に戻って、自身のヤマト王権との強いかかわりを鉄剣に記録したらしい。この人物が仕えた大王は雄略天皇（在位：456～479年）だと考えられる。

礫槨で見つかった被葬者は追葬者らしいので、ヲワケ本人ではないようだ。ヲワケから何らかの理由でこの鉄剣を譲られた人物かもしれない（＊2）。鉄剣には75グラムほどの金が使われていて、制作は埼玉ではなく畿内だったことがわかっている（＊3）。

昭和58年には、この「金錯銘鉄剣」は他の出土品と併せて国宝「武蔵埼玉稲荷山古墳出土品」に指定された。史跡公園内の博物館（県立さきたま史跡の博物館）に他の国宝（画文帯環状神獣鏡、ヒスイ勾玉など）とともに展示されている。

金錯銘鉄剣　提供：埼玉県立さきたま史跡の博物館

国宝となった副葬品が多数見つかった稲荷山古墳はさきたま古墳群の中で、もっとも古い（＊4）。さきたま（武蔵）を統治していた地方豪族の地位は、ヤマト王権でも相当に高かった。前方後円墳そのものがヤマト王権への忠誠を誓った地方豪族が建設を認められた墳墓の形式である。

稲荷山古墳には、さらに面白いことがある。後円と前方のくびれのところ（後円に向かって左手）にある小さな造出《つくりだし》の存在である（左上図参照）。

この部分をもつ古墳は全国的にも少ない。高橋一夫氏（元埼玉県立歴史と民俗の博物館長）は次のように述べている。

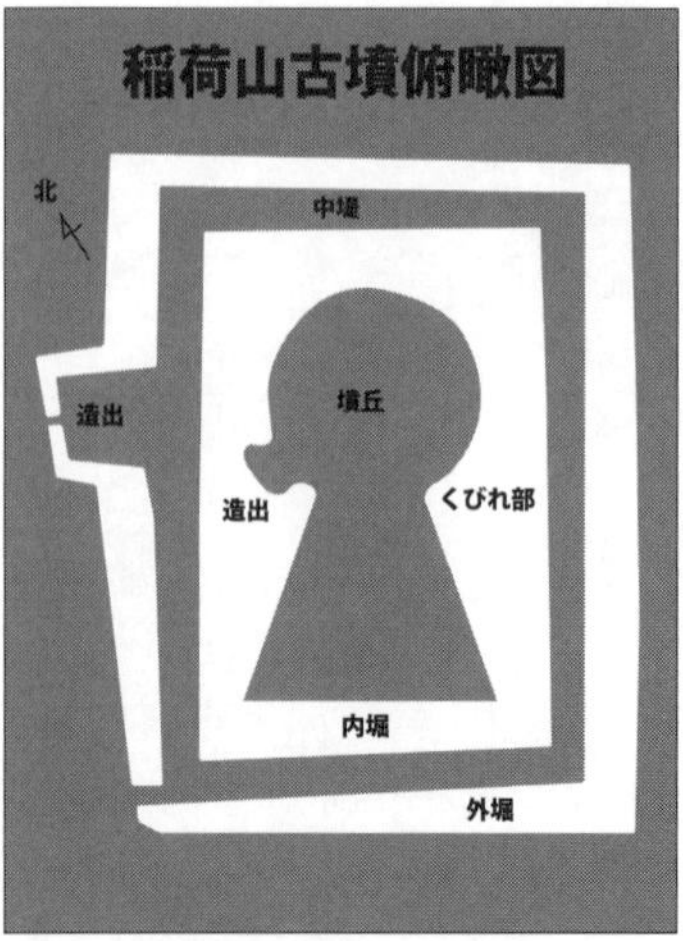

稲荷山古墳の解説看板を参考に作成

「前方後円墳（稲荷山古墳）には葬送祭祀に関係した造出（つくりだし）と張出（はりだし）があり、これらのある古墳は全国でも少なく、機内でも大王級に限られる。造出から出た須恵器（すえき）と鉄剣の出た第一主体部の馬具類の年代に二十年の時代差があり、造出の方が古く、

鉄剣を持った人は、追葬と考えられます」（＊5）

前方部に続く階段を登り切れば後円の墳丘が見える。墳墓の総延長は120ｍである。

稲荷山古墳の発掘は昭和43年の8月1日に始まり24日に終了した。調査開始前には、前玉神社宮司を招いての地鎮祭があった。発掘調査以前の情報は少なく、当初は、比較的年代の新しい古墳と想定していた。そのため、時代の下った古墳に多い横穴式の石室を前提にした発掘作業が始まった。しかし一向に石室は見つからず各種埴輪の破片が見つかっただけであった。

しかしその破片が役立った。それらがより年代の古い時代のものだったのである。ここで発掘箇所を墳頂部に変更した。古い時代では墳頂部の下に埋められた。するとそこに二つの埋葬箇所が発見された。一つは粘土で覆ったもの（粘土槨）、もう一つが小石で囲ったものだった（礫槨《れきかく》）。

粘土槨の方は盗掘で荒らされていたが、礫槨の方は手つかずだった。上部の土を取り除くと次々に副葬品が見つかった。こうして国宝・金錯銘鉄剣が発見されたのである。

粘土槨も礫槨も、浅い場所での発見だった。さらには、それが墳頂平坦部の中央ではなく辺縁に位置していた。常識的には、主たる埋葬者をこれほど浅い位置に葬ることはないし、中央に祀っていないことも不自然である。これらの事実から、発見された二つの槨に埋葬された人物は、主たる埋葬者の近親にあたる人物で追葬されたのではないかと推定されている。

そうなると、主たる埋葬者の眠る槨（主体部）が、さらに深い位置に埋められている可能性がある。地下に槨らしき構造物の存在が認められているが未調査である。墳頂に立ってこの下にもとてつもない副葬品が埋まっている可能性があると思うとわくわくする。

先に書いたように、この稲荷山古墳は前方後円墳でありヤマト王権と深いつながりがあった。築造は5世紀後半である。埼玉には、ヤマト王権傘下に入る前の地方豪族が、違うタイプの古墳を造っていた。それが熊谷市北部にある塩古墳群である。4世紀中ごろ〜4世紀末にかけて築造された前方後方墳、円墳、方墳などを見ることができる。

稲荷山古墳で知的好奇心を刺激された読者は塩古墳群にまで足を運んでほしい。石室内をじっくり見たければ、稲荷山古墳の北西2㎞のところに八幡山古墳（7世紀前半大型円墳）がある。巨大な石室がむき出しになっていて、その全容がわかる。

八幡山古墳石室　提供：行田市教育委員会

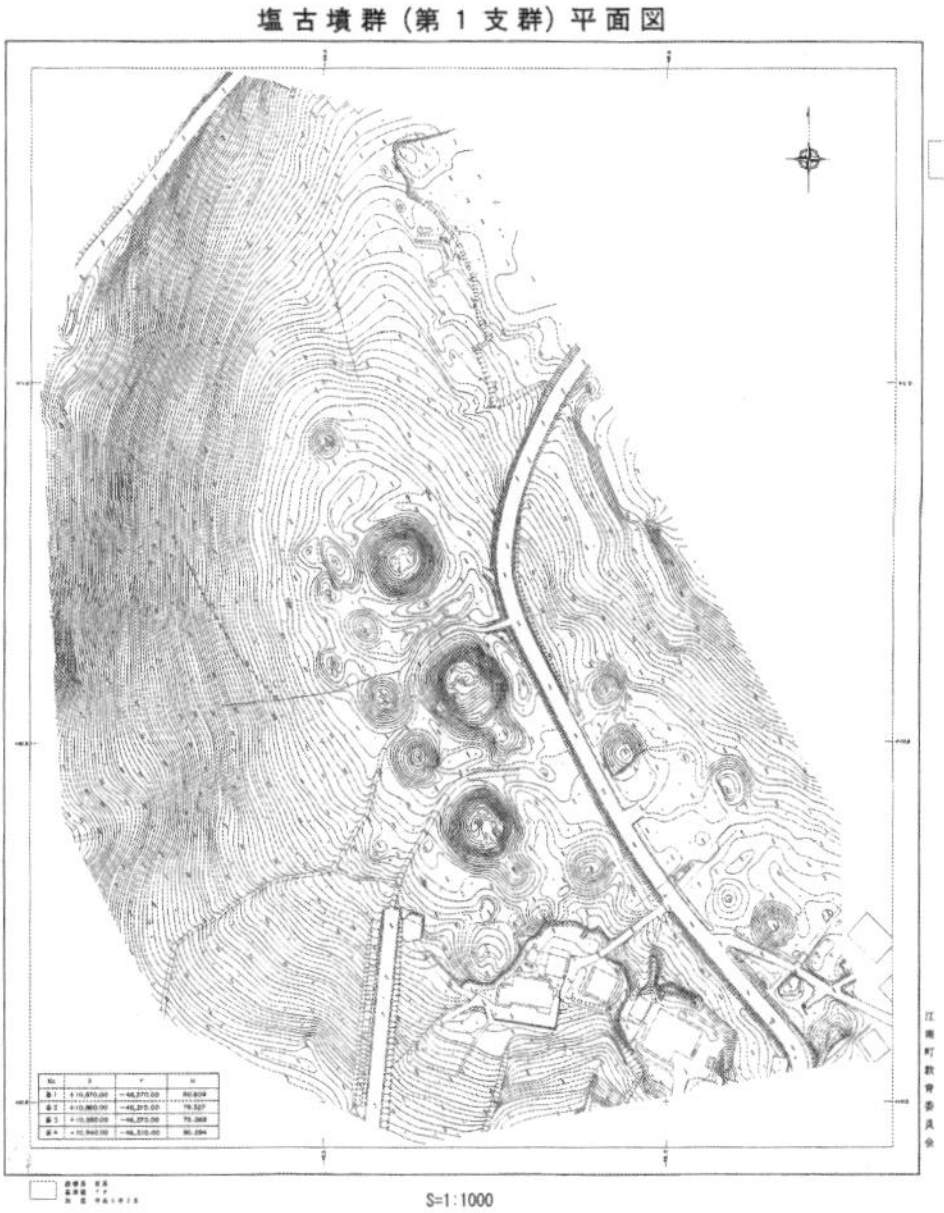

塩古墳群　提供：熊谷市立江南文化財センター

＊1：同じ辛亥年であった531年説もあったが、現在は否定されている
＊2、3、5：よみがえる古代の大和、東京新聞、2013年9月15日付　高橋一夫氏発言
＊4：武蔵埼玉稲荷山古墳発掘調査報告書、埼玉県教育委員会、2007年、9頁

飛鳥石舞台の埼玉版である。

秩父から運ばれてきた緑泥片岩などが使われている（秩父の石については、第7章で扱う）。土日祝日は内部にアクセスできるので、古代の石積み技術をじっくり観察するチャンスである。

第3節　石田三成と丸墓山古墳

1590年、北条氏の居城小田原城を豊臣秀吉が攻めた（小田原征伐）。関東に覇を誇った北条氏も秀吉の兵糧攻めにあってたまらず降伏した。その後、秀吉の命にしたがって関東（江戸城）に入ったのが徳川家康だった。

北条氏は関東各地の支配地に城を築き忠臣を配置していた。そうした城も次々に落ちていた。

さきたま古墳公園から、北西3㎞強のところに忍城《おしじょう》がある。この城にも、小田原攻めと同時期に豊臣の軍勢が押し寄せた。攻城戦は石田三成が指揮した。三成は、公園内の丸墓山古墳（円墳）に本陣を張った。高さは19mで、古墳群の中では最も高い。

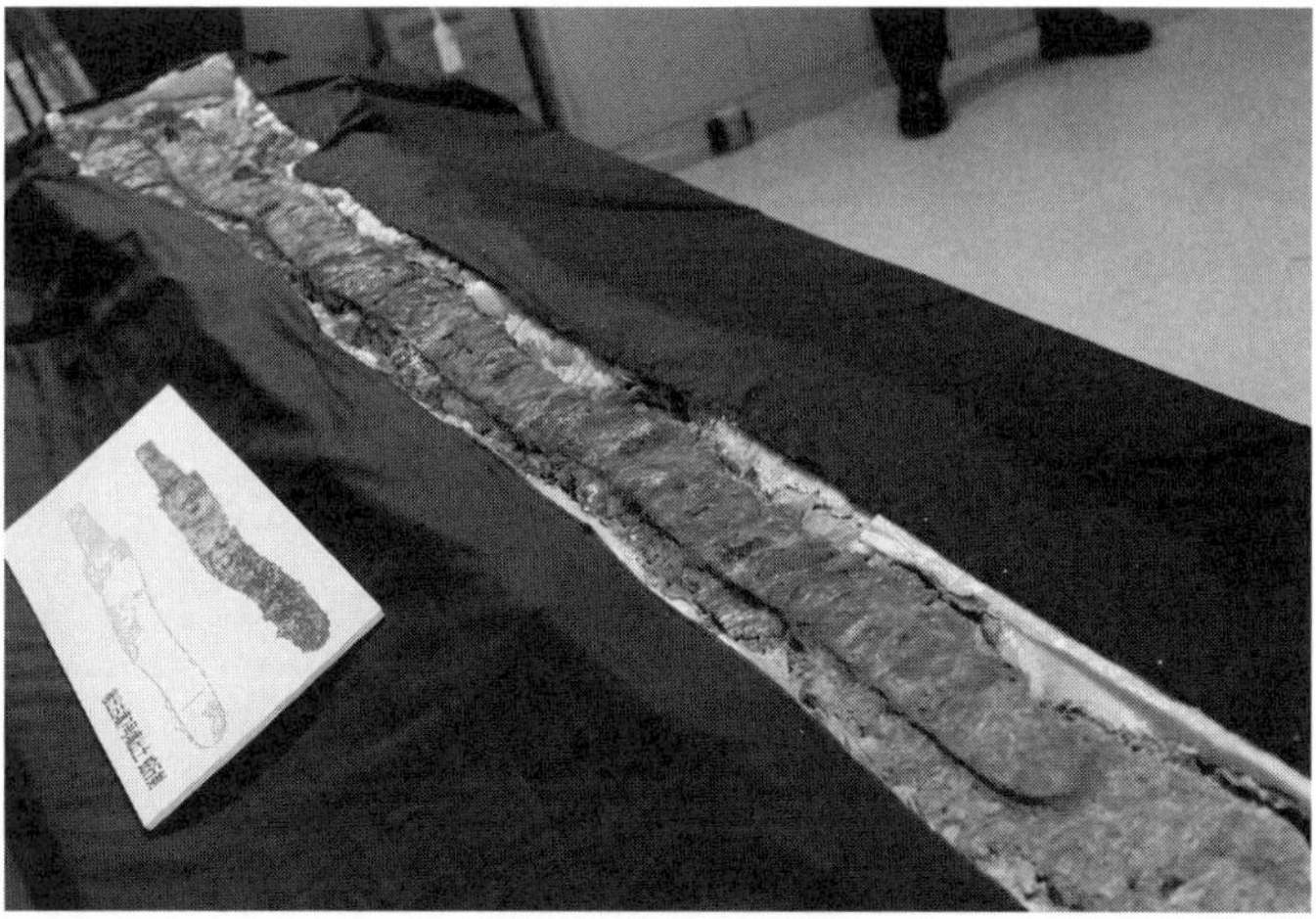

富雄丸山古墳から出土した国内最古で最大の蛇行剣　提供：奈良市教育委員会

それだけに忍城がよく見える。

丸墓山古墳は6世紀前半の築造だから前節で扱った稲荷山古墳よりも新しい。直径は105mあり、少し前までは日本最大の円墳だった。しかし、奈良の富雄丸山古墳の直径が109mであると計測され、日本一の座を奪われた。富雄丸山古墳は4世紀後半の築造で丸墓山よりも古い。

丸墓山古墳では埋葬施設の発掘調査はなされていない一方で、精力的に発掘作業が進められている富雄丸山古墳では新発見が相次いでいる。2023年初めには、類例のない盾形銅鏡と国内最長となる鉄製蛇行剣が見つかった。富雄丸山古

忍城攻めの本陣がおかれた丸墓山古墳

墳への関心は高まる一方で、丸墓山古墳がいささか押され気味だ。

丸墓山古墳にも富雄丸山古墳の副葬品に匹敵する芸術作品が埋まっているかもしれないが、それはこれからのお楽しみとなる。

この節では埋蔵品への関心よりも、石田三成が、忍城を水攻めした際、丸墓山古墳の円頂部を本陣にした件について書いておきたい。

この水攻めをテーマにした和田竜さんの歴史小説『のぼうの城』、それを原作にした映画『のぼうの城』(2012年)がヒットしたのでこの戦いを知っている読者も多いはずである。また、戦前に活躍

丸墓山古墳から忍城方面の眺望

した講釈師5代目神田伯龍による新講談「忍城の水攻」があり、日本人にはよく知られた城である。

映画や講談のストーリーは脚色が入るので、事実と創作物語がミックスされてしまう。本節では、創作部分を削って、丸墓山古墳頂を本陣とした石田三成の忍城水攻めを考察したい。

幸い行田市教育委員会が戦いのタイムラインや攻防にかかわった武将の思惑を纏めている（＊1）。ちなみに以下の日程記述は旧暦である。

秀吉の小田原攻めは1590年4月初めから始まった。秀吉が、石田三成に忍城の水攻めを命じたのはこのおよそ2カ

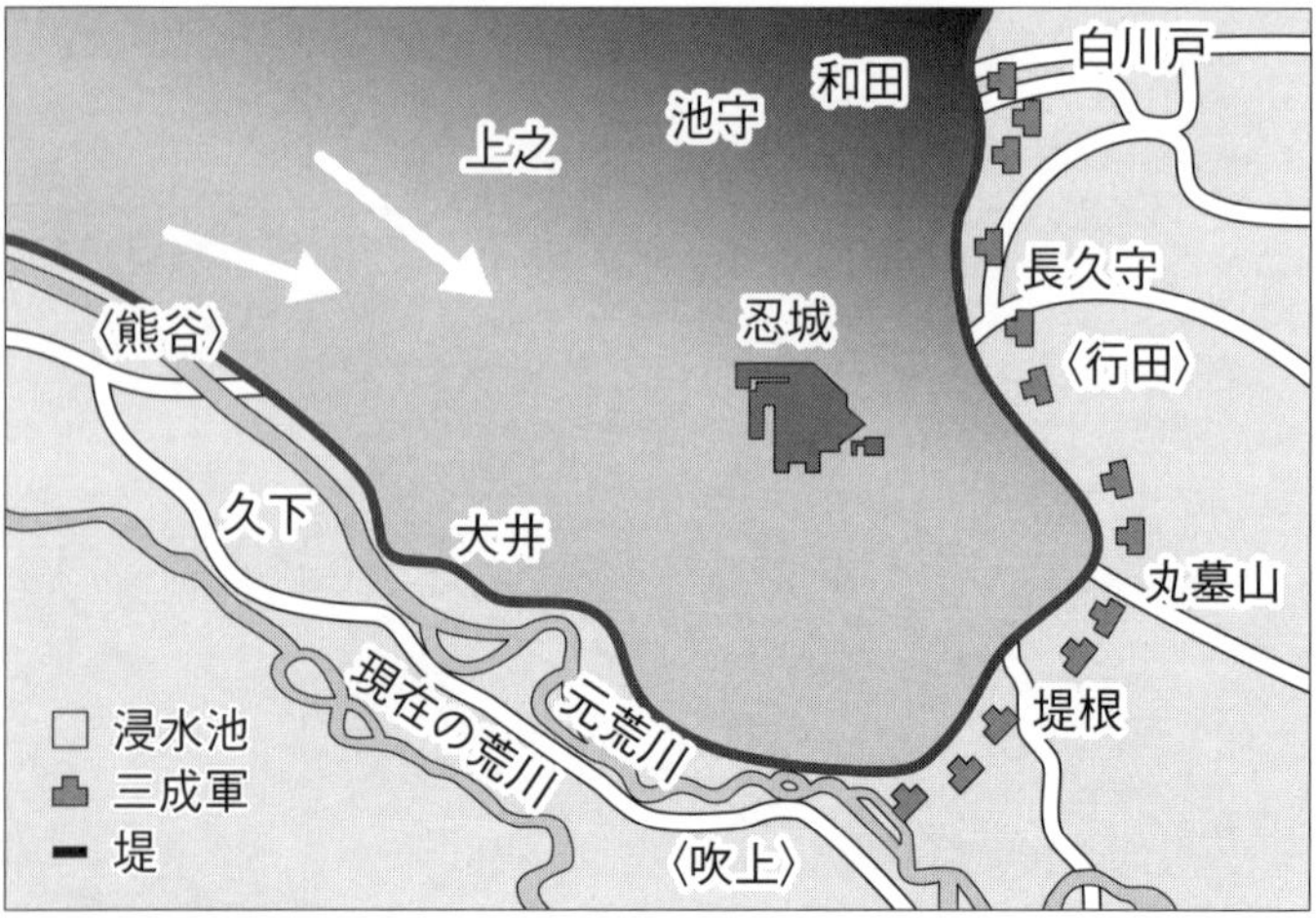

忍城水攻め想定図（＊2）

月後の6月初めだった。三成が水攻めを決めたのではない。命を受けた三成は直ちに築堤に取り掛かった（6月5日）。三成の用意した軍勢はおよそ2万だった。

水は、利根川、荒川から引く。それをにわか作りの堤で止め、忍城を沼の中に孤立させるのである。その構想は上に示した図でよくわかる。戦わずして敵を降伏させる秀吉得意の戦法である。1582年には、備中高松城（現・岡山市北区）をこの方法で攻め城主清水宗治を切腹に追い込んでいた。

絵図にされた水攻めの構想を秀吉が承認した（6月20日）。この頃、忍城城主成田氏長は、小田原城で北条氏政、氏直らとともに籠城戦を戦っていた。秀吉は、その氏長に忍城開城を求め密書を届けていた。

忍城を氏長に代わって守りについていたのは城代成田泰季《やすすえ》（氏長の叔父）とその子長親《ながちか》だった。二人は、城内に大量の糧食や軍需品を蓄え、籠城戦に備えていた。

水攻めには、引いた水をせき止める堤を作らなくてはならない。講談「忍城の水攻」ではこの模様を大げさに語る。

「大堤防は見る見るうちに出来上がり、胸を忍城に押しつけ、左手を伸ばして荒川を摑み、右手を伸ばして利根川を握り、この両河の水を一気に堰入れて一挙に竜宮城たらしめんと、（三成は）水の増すのをひたすら待ちわびていた」（＊3）

三成の待ちに待った大雨があったのは7月10日のことだった。

「夜より、一天俄かにかき曇り、大雨肺然として、篠つく強雨に雷鳴さへ加はって、物凄い土砂降りとなって来ました。本陣に在って石田三成、忍城の方向を望み、『さしもの堅城を以って鳴る忍城も、やがては水底に沈むであろう』」

三成は、俄か作りの堤が湖（沼）を作るのを丸墓山古墳頂の本陣で見つめた。前頁の水攻め想定図を頭に入れて墳頂に立てば三成になった気分である。

しかし、水攻めはうまくいかなかった。この付近の地形は南向きに緩やかに傾斜し

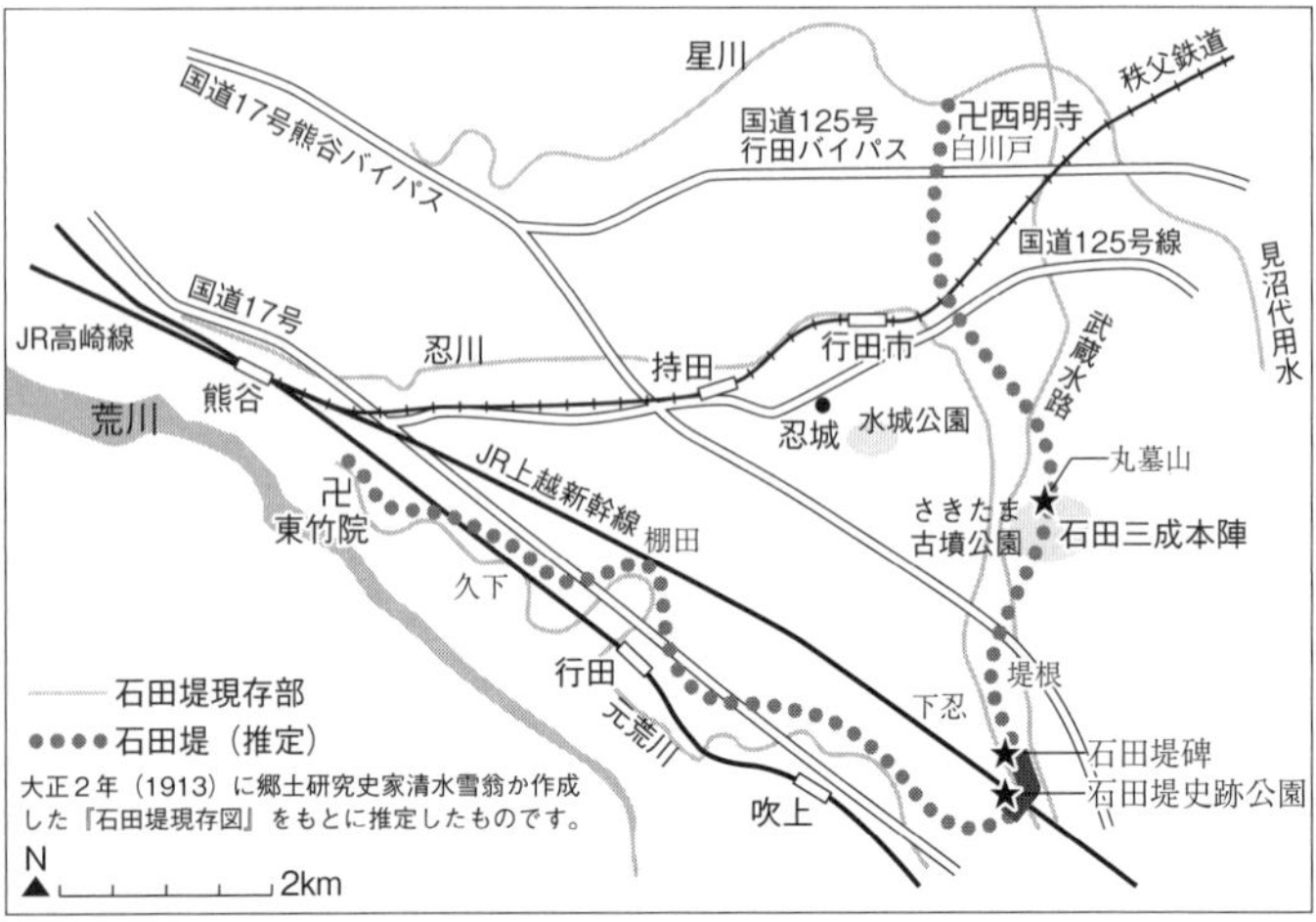

石田堤推定図（行田市郷土博物館）

ていて南の堤に水が溜まるばかりで一向に忍城を囲むほどの水嵩にはならなかった。堤も所々決壊があったようだ。築堤に駆り出された地元住民が故意に手抜き工事をしていたのではないかと疑われている。

氏長には、前妻からの娘甲斐姫がいた。彼女は、関東一と噂される評判の美人だったが知力体力に優れ、「男であれば良かった」と父氏長は嘆いたほどである。

彼女は、時に少数の手勢を率いて、「成田家伝統の名刀『波切』を持ち、黒駒にまたがり、三成の兵を思う存分切りまくると、颯爽と城内に戻っていった」。甲斐姫は、この時、後に有名になる真田幸村の部隊と一戦交えたと伝わっている。

史料によれば、7月7日、忍城に秀吉が示した開城の条件を書いた書状が届けられていた。この1週間後に開城となった。

水攻めには役に立たなかった堤（石田堤）は、江戸期には残った部分が整備されていて、今では石田堤史跡公園（鴻巣市袋）となっている（前頁地図）。丸墓山古墳からはおよそ4㎞南にある。

忍城開城後、秀吉の耳に甲斐姫の活躍の様が入った。興味をもった秀吉は彼女を呼び寄せた。噂通りの美人で気丈夫の気質に感心した秀吉は彼女を側室にした。

父氏長は、処罰されることもなく烏山藩（栃木県那須烏山市）2万石に封じられ大名として残っている。娘が側室ならでは処置であったに違いない。

秀吉も、そして家康もそうだったが、「気の強い美人」が好きなようである。そういえば家康の側室だったお万の方もそんな女性で、紀伊・水戸両藩の初代藩主の生母となった。

甲斐姫は、秀吉が没する半年ほど前に開かれた醍醐の花見（京都市伏見区醍醐寺・1598年4月20日、西暦）に参列し、一句呼んだことが知られている。

相生の　松も年古り　桜咲　花を深雪の　山ののとけさ

真田幸村までを相手に戦った女戦士の歌とはとても思えない。醍醐の山は桜で有名である。そういえば、丸墓山古墳の頂にも数本の桜があり春には満開となる。そんな日に、頂に登って、甲斐姫のことを思うのも旅の楽しみである。秀吉亡き後の甲斐姫の人生はよくわかっていない。

＊1、2：「石田堤」、行田市教育委員会
615fe06bca642ba6c6b9317637e5b751.pdf (gyodakankou.sakura.ne.jp)
＊3：神田伯龍新講談、忍城の水攻め、大澤次郎編集発行、1940年、15頁

横穴墓と戦争遺跡：吉見百穴

第5章第2節でさきたま古墳群稲荷山古墳発掘時の模様を書いた。

「稲荷山古墳の発掘は昭和43年の8月1日に始まり24日に終了した。調査開始前には、前玉神社宮司を招いての地鎮祭があった。発掘調査以前の情報は少なく、当初は、比較的年代の新しい古墳と想定していた。そのため、時代の下った古墳に多い横穴式の石室を前提にした発掘作業が始まった。しかし一向に石室は見つからず各種埴輪の破片が見つかっただけであった」

「しかしその破片が役立った。それらがより年代の古い時代のものだったのである。ここで発掘箇所を墳頂部に変更した。古い時代では墳頂部の下に埋葬者は葬られた。するとそこに二つの埋葬箇所が発見された。一つは粘土で覆ったもの（粘土槨）、もう一つが小石で囲ったものだった（礫槨）」

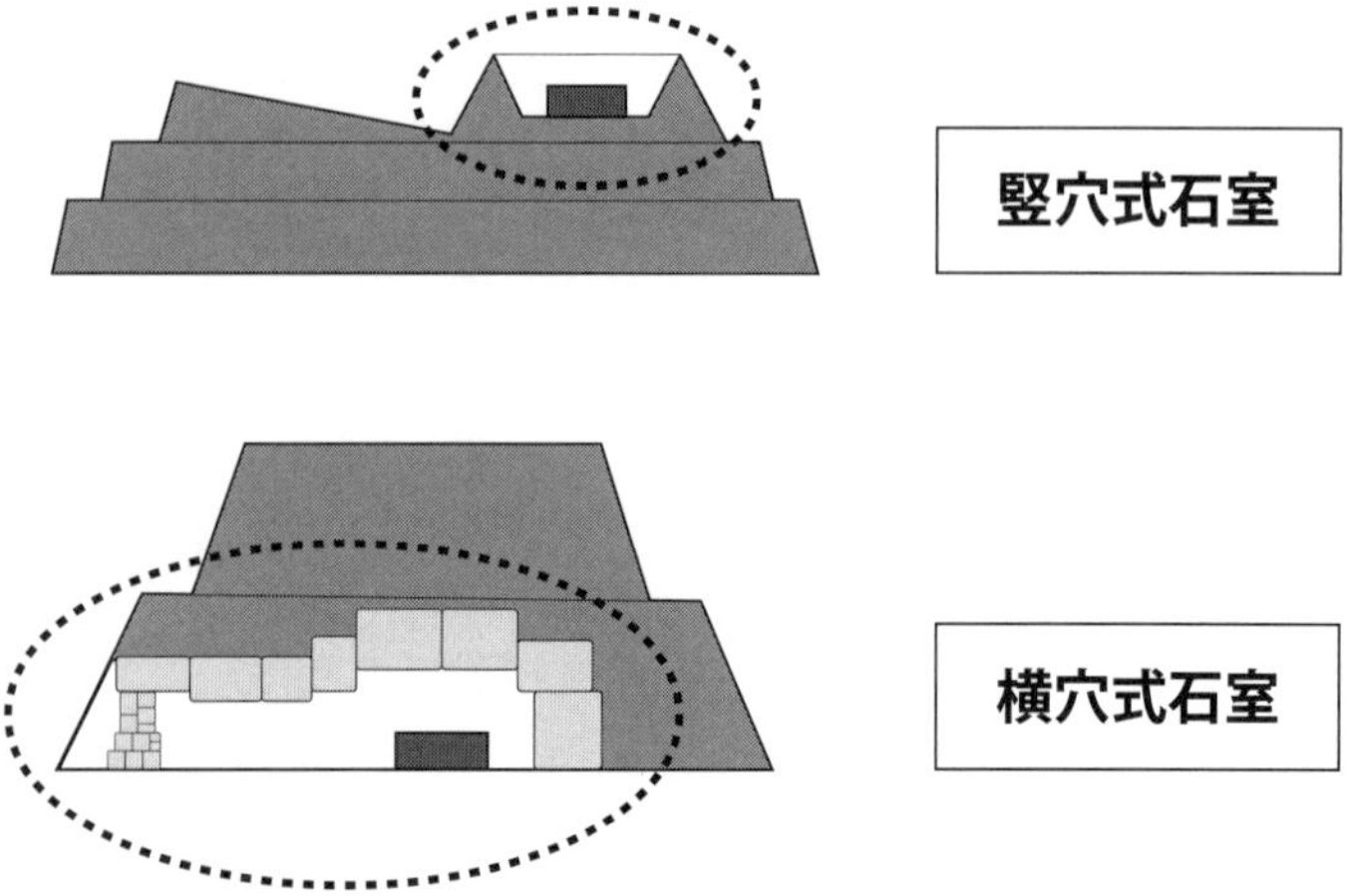

横穴式石室と竪穴式石室

この記述からわかるように、初期の古墳では後円部のほぼ中央に竪穴を掘り埋葬した。単独葬が普通だが稲荷山古墳では追葬者も埋められていたことがわかる。上部から竪穴を掘ることから竪穴式石室と呼ばれる。古墳時代も時代が下がると横穴式石室に変化する。遺体を安置する玄室に続く羨道に墳丘の横からアクセスできるよう工夫した。時代とともに埋葬する王族の数が増え、追葬者が増えると横穴式が便利である。

それではさらに時代が下がるとどうなるのだろうか。古代人は、墳丘を作るのを止めた。秩父には、軟らかい凝灰岩が露出する丘陵や崖がある。彼らは、その丘を自然の墳丘に見立て、傾斜のきつい崖面をくり抜いて墓所にした。

古墳時代終末期に現れた横穴墓は日本各地で見ることができる。関東では、坂西・梵天山横穴墓群（東京都日野市）、中和田横穴墓群（同多摩市）、熊ヶ谷横穴墓群（横浜市）、長柄・千代丸・力丸横穴墓群（千葉県長柄町）などがある。とりわけ世に知られているのが吉見百穴横穴墓群（埼玉県吉見町）である。凝灰岩の険しい崖斜面にくり抜かれている。

百穴と言われているが実際には２００を超える。江戸時代から崖面の多数の穴の存在は知られていたが、本格的調査は１８８７年（明治20年）である。

調査したのは東京帝国大学理学部助手坪井正五郎（１８６３〜１９１３年）である。半年間に全ての穴を発掘した。当時の記録では２３７基となっている。坪井の調査後、「百穴は住居か墓か論争」があったが、今では共同墓地であったと結論がでている。戦時中ここに軍需工場が建設された（後述）こともあって２１９基に減っている。

住居説をとった坪井教授は論争では敗れた形になったが、吉見百穴が現在の形で保存される上で重要な役割を果たした。発掘調査直後の１８８７年９月には、早くも埼玉県に対して保存を促す上申書を出している（＊１）。坪井は後に教授となった

吉見百穴は凝灰岩の崖面に多数の横穴が見える（筆者撮影）

（1892年）。

大森貝塚の発見で知られるお雇い外国人エドワード・モースは、坪井の調査に先立つ8年前の明治12年8月にここを訪れた。モースはこの時から、横穴が埋葬墓であることを見抜いていた。

「洞窟は崖の面にあり、もとは埋葬窟であったが、その後何度も避難民がそこに住った。遺物類は大分前に無くなって了った」（＊2）

崖は45度にもなる急斜面だが見学用に足場が組まれている。横穴（玄室）にも入ることができるので内部をじっくり観

戦時中に掘られた大型の地下軍需工場跡　Ystudio/PIXTA

察できる。玄室から外部に向けてゆるい傾斜がつけられ排水が工夫されている。西から東に向かうに従い各穴が並行線上に並ぶよう配置されていることがわかる。

崖を登りきると見晴らし台に出る。雑木や野草でいささか視界が遮られるが、運よく空気が澄んでいれば南西に富士山、西に武甲山、北西に浅間山を望む。

崖下部には戦時中に掘られた大型の地下軍需工場跡が残る。吉見百穴の下部をくり抜いて大きな空間を作り中島飛行機大宮工場（航空機エンジン部品製造）を移したのである。巨大なトンネルに移された部品工場は本格稼働せず終戦となった。筆者訪問時には閉鎖されていたが、今後、再びアクセスできる可能性がある。

戦後の教育は軍事遺跡を蔑ろにする。しかし、日本各地にあの戦争を記録する史跡が残る。先人たちの苦悩を私たちは記憶に留めなくてはならない。

吉見百穴は、古代と近代の歴史を同時に肌で触れることのできる貴重な史跡である。埼玉には戦争史跡は他にもある。本書で紹介した史跡訪問と併せて足を運んでいただきたい。

「東雲寺　44式二号魚雷」ホフマン窯から北に約1・6km　深谷市新城

「新上武大橋　米軍機による機銃掃射弾痕」渋沢栄一記念館から東に約7km　深谷市高島

「熊谷空襲戦災者慰霊の女神」杉山城址から北東に約13km　熊谷市星川

「所沢航空発祥記念館（日本初の飛行場）」稲荷山公園から南東に約10km　所沢市並木

＊1：立正大学博物館第十一回特別展横穴墓資料、2016年、6頁
＊2：同右、8頁

第6章
日本武尊の東征の足跡を追う

三峯神社（秩父市）金鑽神社、城峯神社（神川町）
寶登山神社（長瀞町）

第1節　日本武尊の東征

埼玉県西部奥秩父は、山の向こうはもう甲斐国（山梨県）である。この辺りには日本武尊伝説を伝える神社が多い。日本古代史の英雄日本武尊が各所に祀られる奥秩父は古代史の宝庫である。それを伝える史跡の多くが秩父の幽谷あるいは連峰を見渡せる風光明媚な土地に建つ。

日本武尊の伝説を理解してからこの地に登れば、味わい深い旅になること請け合いである。

日本武尊の足跡を辿る前に、古代史の専門家が日本武尊伝説をどう考えているかを、簡単に整理しておきたい。伝説とはいえ、古代日本がいかにして成立したのかのヒントが溢れている。伝説と史実を腑分けしておけば奥秩父の旅もいっそう充実する。

次頁に、最近の学説をよく理解できる西暦とそれに対応する古代天皇を示す表を示した。この時期の学説はまだ固まっていないので、まずは所功氏（京都産業大学名誉教授）の説に沿ってこの時代を理解しておきたい（＊1）。

所氏によれば、第10代崇神天皇は三世紀前半にヤマト王権の基礎を固め、四方に勢力を伸ばした。4世紀に入り、第12代景行天皇の時代に、九州あるいは東国までもがヤマト王権によって統一される。

ヤマト王権の始祖となる神武天皇は1世紀ごろ九州から畿内に移ってきたらしい。初代神武から、存在の確実視される第10代崇神天皇をつなぐ8代の天皇については、古事記や日本書紀（併せて記紀という）にその事績が書かれないため「欠史八代」と呼ばれている。

この8代が天皇として存在したかについてはまだわかっていない。しかし、神武天

大和朝廷の発展過程

（西紀前）		ⓐ 天穂日命降臨
		ⓑ 饒速日命降臨
		ⓒ 瓊瓊杵尊降臨
（一世紀）	1	① **神武天皇の東征** 橿原宮で即位
		② 綏靖天皇
	57	倭の奴国王 後漢に朝貢
		③ 安寧天皇
（二世紀）	101	④ 懿徳天皇
		⑤ 孝昭天皇
		⑥ 孝安天皇
		⑦ 孝霊天皇
		⑧ 孝元天皇
		⑨ 開化天皇
（三世紀）	201	⑩ **崇神天皇** 四道将軍の派遣
	239	倭女王卑弥呼 魏に朝貢
		⑪ 垂仁天皇 伊勢内宮の創祀
（四世紀）	301	⑫ 景行天皇 **日本武尊**の遠征
		⑬ 成務天皇
		⑭ 仲哀天皇 **神功皇后**の遠征
	369	百済→七支刀
	391	朝鮮進攻
（五世紀）	401	⑮ 応神天皇
	421	倭王讃、宋に朝貢
		⑯ **仁徳天皇**（讃王）
		⑲ 允恭天皇（済王）
		㉑ 雄略天皇（武王）

シンポジウム日本の源流を探る：ヤマト文化から日本文明まで　73頁より（＊1）

皇がそしてその子孫が、畿内の有力者と政略結婚を続け勢力を拡大したことは間違いない。記紀の編集者は、ヤマト王権の傘下に入った畿内豪族の族長を便宜上の天皇にして、辻褄を合わせた上で、編年体の作品に仕上げたのではないか、との説もある（＊2）。

記紀によれば日本武尊は、ヤマト王権の勢力範囲を一気に西日本、九州、東日本に拡大した英雄である。景行天皇の皇太子（太子《ひつぎのみこ》）の一人だった。

日本武尊には兄の大碓命《おおうすのみこと》がいた。大碓命は、父景行天皇に妃にと贈られた二人の娘（美濃国造の娘）を、自分のものにして父には替え玉を差し出した。これを知った日本武尊（このころは小碓命《おうすのみこと》）は、「厠に立った兄を待ち伏せ、つかみつぶして手足をもぎ取り、薦（こも）に包んで投げ捨てた」のである。

父のことを思っての行動だったが、景行天皇は、日本武尊の「建く荒き情《たけ》《こころ》」に恐怖した（＊3）。自身の側に置くのは危険と考えた天皇は、日本武尊に次々に遠征を命じた。まずは九州の熊襲建《くまそたける》を、次には出雲の出雲建《いずもたける》を討たせた。

大和に凱旋した日本武尊に、景行天皇は、休む間も与えず今度は東国の平定を命じた。日本武尊はその東征にも成功するのだが、帰路の最後の行程で伊吹山の神との戦いに敗れる。傷ついた体で大和を目指すのだが、故郷を目前にした能褒野（三重県亀山市）の地で息絶えた。

父に疑われながらも、各地に遠征し日本という国家形成の源流となる戦いを続けて死んでいった日本武尊。彼は東征の旅の先々で伝説を残した。その英雄譚が、日本各地の神社に伝えられている。

読者の多くが神社仏閣巡りを楽しんでいるはずだ。神話を知らなくてはそうした旅が無味乾燥なのは言わずもがなだ。氷川神社の章でも書いたように、奥秩父でも出雲神話を知っておかなくてはならない。日本武尊が奥秩父にどんな経路でやってきたか、奥秩父で何があったのか。

景行天皇が、日本武尊に東国遠征を命じたのは4世紀初めのことであった。神話をもとにすれば、この遠征はもっと早い時期になる。本稿では現在の学説を参考に4世紀初めとする。

天皇の命を受けた日本武尊は、まず伊勢神宮に赴き、武運長久を祈願した。そこには、叔母の倭姫命《やまとひめのみこと》がいた。遠征ばかりを命じる父は自分を愛していないと嘆く日本武尊を慰め、天叢雲剣《あめのむらくものつるぎ》と火打石を与えた。そして、彼の武運を祈ったのである。

伊勢神宮内宮別宮の倭姫宮（伊勢市）は倭姫命を祀る。
日本武尊は伊勢から尾張に向かった。そこで東征の軍を編成した。

＊1：「シンポジウム日本の源流を探る：ヤマト文化から日本文明まで」、比較文明研究、2017年、37頁
＊2：同右、45頁
＊3：産経新聞取材班、『日本人なら知っておきたい英雄 ヤマトタケル』、平成29年、4頁

第2節　房総半島上陸まで

尾張には早い段階からヤマト王権に仕えた地方豪族尾張族がいた。尾張族は大和葛城地方を本拠地としていたが、崇神天皇の時代以降、尾張（熱田神宮周辺）に移住し、乎止与命《おとよのみこと》の時代に国造となっていた。

尾張族は、乎止与命の息子建稲種命（たていなだねのみこと）を遠征軍に参加させていた。椎名一郎氏（海洋歴史学）は、記紀やゆかりの神社に伝わる文献から、遠征軍の陣容を推定した（上図）。

日本武尊《やまとたけるのみこと》（和平部隊の総帥）
健稲種命《たていなだねのみこと》（航海造修の技術総監督）

后弟橘姫《おとたちばなひめ》―侍女（巫子《みこ》）十一人 炊事、神事などの手伝い
七《なな》掬《つか》脛《はぎ》―将校―兵士六人／将校―兵士六人
吉備武彦《きびのたけひこ》―将校―兵士六人／将校―兵士六人
大伴武日連《おおとものだけのひのむらじ》―将校―兵士六人／将校―兵士六人

日本武尊東征軍の編成（＊1）

武将4、将校6、兵36、妃、侍女11と総大将日本武尊からなる総勢59の部隊である。

「九州の熊襲征伐の時に参加した歴戦の武将吉備武彦、大伴武日蓮、および兵站、庶務に明るい七掬脛《ななつかはぎ》を膳夫として特に派遣するなど、景行天皇の細かい配慮と、

第二皇子日本武尊に寄せる期待の大きいことを示している」（＊2）

景行天皇は、日本武尊を警戒しながらもその武勇に大いに期待するところがあった。編成の中で注目したいのは、妻（の一人）である弟橘媛《おとたちばなひめ》と神に祈る侍女（巫女）を帯同していることである。古代でも戦国期でも、愛妃を戦場に帯同することは普通のことであった。

注意したいのは軍勢の少なさである。この兵力ではどう考えてもヤマト王権に抵抗する地方豪族を一気呵成に制圧することはできない。わずかな軍勢での東征は、各地方に分布する親ヤマト王権の地方豪族が兵を出すことを期待していたからである。

先に国譲り神話を書いた。

「各地に散った出雲族は、新天地で故郷の神々を祀った。そして祈りの場としての社を建てていった。関東開拓民となった出雲族も、故郷を懐かしみ故郷の名称を新天地に付けた」（60頁）

例えば、出雲族の武夷鳥命《たけひなとりのみこと》も国譲りの後に武蔵の国にやってきていた。鷲宮《わしのみや》神社（埼玉県久喜市）は、武夷鳥命を祭神としている。東国各地には、そうしたヤマト王権に従う地方豪族がいた。

鷲宮神社
埼玉県久喜市鷲宮1丁目6-1　hiroshi/PIXTA

さて、前述の椎名一郎氏は、日本武尊の東征は尾張から海路で始まったと考える。椎名氏の東征ルート想像図を145頁に示した。

3番目の寄港地は焼津だった。日本武尊は、降伏をよそおった敵族に草むらにおびき出された。そして枯草に火をつけられ窮地に陥った。

「日本武尊は、とっさの機転で倭姫命から授かった天叢雲剣で草をなぎ払い、火打ち石で逆に敵に向かって火を放ちました。炎は向きを変え、勢いよく敵に向かって燃え広がり、無事窮地を脱することができました。この後、天叢雲剣は草薙剣《くさなぎのつるぎ》とも呼ばれるようになり、名古屋の熱田神宮にお祀りされています。この伝説から、この地は「ヤキツ」といわれるようになり、現在の「焼津《やいづ》」という地名の由来となったのです」（焼津神社ホームページ：静岡県焼津市）（＊3）

更に東進した8番目の寄港地が三浦半島走水《はしりみず》だった。ここからは次の討伐の地、房総半島は目前である。対岸には富津の岬が肉眼で見える。走水から富津までは8㎞ほどだが、潮の流れが早く現在でも手漕ぎボートなら5時間はかかる。

草薙神社（静岡市）の日本武尊像
（筆者撮影）

日本武尊は、これから海が荒れるという地元民の警告を無視して舟を出した。しかし地元民の予報通り、暗雲がたちまち湧き上がり暴風雨となった。

考古学的には、相模の地方豪族がヤマト王権と緩い上下関係に入ったのは3世紀末から4世紀前半である。逗子市の長柄桜山古墳群は、相模の族長を埋葬したものと推定されている。

「暴風雨」は、相模の豪族に対する日本

日本武尊東征の順路及び寄港と神社
征往海路
① 熱田港
（景行40.10.15）
② 雄踏港
[3] 焼津港
④ 清水港
[5] 戸田港
[6] 二之宮港
[7] 佐島港
⑧ 走水港
[9] 木更津港
⑩ 一之宮港
[11] 飯岡港
⑫ 高浜港
⑬ 那珂湊港
⑭ 大津港
（景行41.7）
⑮ 請戸港
[16] 亘理港
（景行41.8.6）
⑰ 石巻港
⑱ 気仙沼港
征還陸路
⑲ 吾勝神社
⑳ 若宮八幡神社
㉑ 白鳥神社
㉒ 桙衛神社
㉓ 都々古別神社
㉔ 吉田神社
㉕ 加波山神社
㉖ 氷川神社
㉗ 大鷲神社
㉘ 妙義神社
㉙ 大鳥神社
㉚ 寒田神社
㉛ 富士吉田浅間神社
（景行42.4.10）
㉜ 酒折宮
㉝ 御嶽神社
㉞ 坂城神社
（景行42.11）
㉟ 矢彦神社
㊱ 波閇科神社
㊲ 大御食神社
㊳ 恵那神社
㊴ 八剣神社
㊵ 加佐登神社
（景行43.9）
往路
帰還路
海路と陸路に分かれる
数字は通過の日付を示す。
漢字は奈良時代の国名。

椎名氏による東征ルート想像図

武尊の攻略がスムースではなかったことを暗示しているのかもしれない。日本武尊の遠征が終わったころの4世紀半ばには、前方後円墳がこの地方に建造されていることから、この時期になってようやく相模三浦半島がヤマト王権に服属したことは確実である（＊4）。

荒れた海を見た弟橘媛は驚くべき行動をとった。「妾、御子に易《か》はりて海に入らむ」といって荒らだつ海に身を投げた。侍女たちも後を追った。すると忽ち嵐が収まった。戦前の日本人は、この悲話を知っていた。弟橘媛の魂を弔って走水神社が創建されたことも知っていた。

さきに書いたように、地方豪族が日本武尊に兵を供給した。相模でもおよそ500の兵が集められ房総半島に上陸した。

＊1：椎名一郎、『日本武尊』、海洋歴史研究会出版、1982年、34頁
＊2：同右35頁
＊3：焼津神社ホームページ、御祭神：焼津神社 (yaizujinja.or.jp)
＊4：産経新聞取材班前掲書、127～8頁

第3節　房総から奥秩父まで

房総に無事到着できたとはいえ、日本武尊は悲しみに打ちひしがれた。愛妃弟橘媛を失い、「君への思いはこの心から消えはしない（君去らず）」と嘆いた。「君去らず」が木更津に変化した。袖ケ浦（袖ヶ浦市）には、彼女の着物の袖が流れ着いた。

君去らず　袖しが浦に　立浪の　その面影を　見るぞ悲しき

東京湾一帯には、弟橘媛に縁起を持つ神社が38か所あり、彼女の遺物が流れ着いたという伝説が残る（＊1）。

これだけの犠牲を払い500の兵を連れて渡った房総半島だが、この地での戦いの模様はなぜか記紀には詳しくは書かれていない。この理由はよくわからない。おそらくこの地では、壮絶な戦いがあったのではないかと思える。

ヤマト王権は地方豪族との交渉（外交）によってその勢力を拡大することを旨としていた。戦わずしてそれが成功した物語の象徴が出雲の国譲りである。だからこそ帰順をきっぱりと拒む豪族との戦の模様は書きたくはなかったのであろう。
房総には、鹿野山周辺に勢力を張る阿久留（あくる）王の軍勢が待ち受けていた。鹿野山は標高400mにも満たない低山である。敵を追って迷った日本武尊を鹿が案内して危機を救った。山頂付近に鹿野山神野寺が建つのはそのためである。戦いは激戦となったが、鬼泪山（きなだやま：富津市）に逃げた阿久留王の目を東征軍の矢が貫いた。そのとき鬼（阿久留王）が流した泪が地名になった。

鹿野山神社近くの阿久留胴塚
（筆者撮影）

戦いにようやく勝利した東征軍は、房総半島を横断し、一宮（千葉県一宮町）に用意された軍船でさらに北上した。その後は、飯岡（千葉県旭市）、高浜（茨城県神栖市）、那珂湊（同県ひたちなか市）、川尻町（同県日立市）、大津・五浦《いつうら》（同県北茨城市）と北上した（＊2）。

ここから北は福島（東北）の港になる。小名浜、塩屋埼、久之浜を経て請戸港に至った。更に鳥の海（宮城県亘理町）、松島湾などを経て石巻日和山の港に上陸した（＊3）。

ここはもう古代の蝦夷地である。石巻周辺は出雲系伊勢津彦が開拓した地だったが、ヤマト系の天日別命に代わっていた。岩手県にも日本武尊に由緒をもつ社が多い。飯野山神社（石巻市）は東征軍の本陣となった。遠流志別石《おるしわけいし》神社（登米市）は、日本武尊が倭姫命から預かった明珠を神宝とする。

海路最北の上陸地は気仙沼《けせんぬま》だった。そのことを示すように唐桑半島には日本武尊を祀る御崎《おさき》神社がある。ここからの東征の旅は陸路となった（145頁想像図参照）

細かくは書く紙幅がないが、日本武尊帰還ルートの地に伝説が残る（正確に言えば各地の神社に残る社伝をもとに帰還ルートが推定された）。例えば、宮城県村田町の白鳥神社は、日本武尊の軍が陣を張った地と伝わる。

東征軍は岩手から福島方面に南下する。白石を経て福島に入り、郡山から岩瀬郡長沼（現須賀川市）に入った（＊4）。福島、茨城、栃木の三県にまたがるように聳《そび》える八溝山《やみぞさん》ではそこに勢力を張っていた「夷」と戦った。山頂部には、日本武尊の建立と伝えられる八溝嶺神社があり、古くから信仰の山として崇められてきた。

さらに新治《にいはり》まで南下する。古代の新治は、現在の笠間市、筑西市、桜川市など茨城県西部を指す地名である。新治は、ヤマト王権が新しく治めた地という意味である。日本武尊の東征のころにはすでにヤマト王権に下っていたらしい。日本武尊にとっては安堵できる場所だったようだ（＊5）。

常陸国総社宮（石岡市）は、筑波山や霞ヶ浦を同時に眺める風光明媚な土地に建つ。ここには日本武尊がしばし休息した（陣を置いたとも）神石が残る。

日本には地方誌として風土記がある。その一つが出雲風土記だった。常陸にも常陸風土記が残っている。この中では、日本武尊を「倭武天皇」、弟橘媛を、「大橋比売命」と記している。

常陸国には、当時の日本の人口500万のうち22万が住んでいた（＊6）。

前出の椎名一郎氏は、日本武尊一行は新治から、筑波を経て下野（栃木県）に入ったと考える。氏はそう考える4つの理由を挙げている。

1：茨城県と埼玉県の中間地帯には日本武尊の伝承の地がない

2：中間地帯には湿地帯が多く駒を進められない

3：下野の真岡は常陸の国に近く、白鷺神社（栃木県上三川町）は守護神として日本武尊を祀る

4：筑波の坂入《さかり》村の若者が一行を西北の方向に見送ったとされる。真岡は筑波の西北にある。

一行はその下野国から上野国（群馬県）に入る。ここは日本武尊伝説の宝庫である。上野国は、日本武尊一行にとって戦いの場ではない。この地はすでにヤマト王権の勢力範囲となっていた。

日本書紀は、崇神天皇のころにはその第一皇子豊城入彦命がこの地に派遣されたと記している。彼の弟が垂仁天皇である。この地では歓迎の宴が続いたのではなかったか。

上野国からはいよいよ武蔵国に南下した。そうして第3章で詳述した大宮氷川神社にやってきたのである。社伝には、日本武尊はここに参拝し東夷鎮定を祈願したとある（＊7）。討伐した東国の安定を願ったのであろう。

日本武尊は、ここからは荒川あるいは利根川を利用して現在の埼玉南部を抜け現在

の東京に入った。そのせいか東京には驚くほど日本武尊伝承が多い。

湯島天神のある神田湯島台は行在所になった。当時はこの台地の下あたりまで白波が寄せていた。日本武尊伝説は、鷲《おおとり》神社（台東区）、花園神社（新宿区）、葛西神社（葛飾区）など目白押しだ。

大鳥神社
東京都目黒区下目黒 3-1-2　Sunrising/PIXTA

日本武尊と弟橘媛を祀る大鳥神社（目黒区）は次のように記している。
「東夷平定の折、当社（大鳥神社）に立ち寄られ、東夷を平定する祈願をなされ、また、部下の『目の病』の治癒を祈願されたところ、首尾よく東夷を平定し、部下の目の病も治り、再び剣を持って働くことができるようになったので、当社を盲神《めくらがみ》と称え、手近に持って居られた十握剣《とつかのつるぎ》を当社に奉り、神恩に感謝されました。この剣を天武雲剣《あめのたけぐものつるぎ》と申し、当社の社宝となっております」（由緒書）
大鳥神社から西に8㎞ほど行けば多摩川であ

る。椎名氏は、ここから川崎溝の口、綾瀬、厚木、二宮、松田に至り、さらに足柄峠を越えて、富士吉田に一行は駒を進めたと考える。

この道筋にも多くの日本武尊を祭神とする神社がある。小野神社（神奈川県厚木市）、吾妻神社（同県二宮町）、寒田神社（同県松田町）などがそうである。富士浅間神社（山梨県富士吉田市）は、日本武尊が富士山を遥拝した地である。

日本武尊一行はさらに北上し甲斐の国に入る。陣を張ったのが月見山の麓である。そこには酒折宮《さけおりのみや》が建つ。月見山には複数の磐座《いわくら》が残っているので、この山中あるいは麓で古代祭祀が行われていたことは確かである。

伊勢を出発してから「宮」と表記される場所はここが初めてである。この時代この地には、塩海足尼《しおみのすくね》が国造だった（『先代旧事本紀』）。日本武尊は、塩海足尼と思われる老人を「東の国造にした」ことになっているが、すでに彼はこの地をよく治めていた国造だったのであろう。

日本武尊はその老人に火打嚢《ひうちぶくろ》を授けて善政を命じた。彼の東征帰路は凱旋であったことがわかる。行く先々で武具を手放しているからだ。

酒折宮から南に9㎞ほど下ると全長169ｍの大型前方後円墳（銚子塚古墳）があ

銚子塚古墳（山梨県甲府市） ©Saigen Jiro

る。築造は4世紀後半で、ヤマト王権との密接な関係を示す副葬品が出土している。被葬者は塩海足尼ではないかと指摘する研究者もいる（＊8）。

さてここから日本武尊一行は不思議な動きをとる。北、つまり信濃（長野）方面に向かわず、再び北東に向かうのである。

前出の椎名氏は次のように書いている。
「酒折宮を発し、山梨岡神社、那賀都神社を経て、秩父に入る際、道に迷い、国師ヶ岳で遭難の末、神助の山犬に導かれ、雁坂峠辺を越え、秩父三峯神社に辿りついたものである」（＊9）

＊1：産経新聞取材班前掲書、135頁
＊2：推名前掲書、159頁
＊3：北上海路は、椎名一郎氏による推定（日本武尊、64〜65頁）
＊4：推名前掲書、83頁
＊5：産経新聞取材班前掲書、142頁
＊6：同右、145頁
＊7：推名前掲書、101頁
＊8：産経新聞取材班前掲書、163頁
＊9：推名前掲書、117頁

第4節　奥秩父で何をしたのか：三峯神社

ここまで日本武尊が奥秩父に至るまでの東征帰還経路を詳述した。奥秩父の神社を理解するにはやはり日本武尊の東征についての基礎知識が必要だ。埼玉からいささか離れた土地についても語らざるを得なかったが、そうした土地にも読者が訪れることがあるに違いない。ここまでの記述が役に立つはずである。

さて、145頁の地図を見れば容易にわかるが、日本武尊一行は、ようやく甲府盆地にまでやってきたにもかかわらず再び北東に進路を向けた。次の目的地である信濃（長野方面）へは甲府盆地を北に進むことになる。ところが一行はなぜか再び険しい山の連なる北東方、つまり奥秩父方面を目指すのである。

なぜそのまま長野方面に向かわなかったのかよくわからない。筆者の勝手な想像だが、東征の帰路には往路の時のような大きな事件がない。武蔵、相模を抜けて甲斐に入ったが大事件（戦い）は起きていない。この辺りがすでにヤマト王権傘下に入っていたからである。

しかし神話創作者の心理を考えれば、この辺りで何か盛り上がる事件を挿入したい。

甲府盆地からそのまま信濃に抜けたら、平凡な旅になる。そこで日本武尊一行を、もう一度北東に向かわせ、後世に伝わる逸話を作りたかったのではなかったか。

筆者がそう思うのは、せっかくやってきた甲府盆地から、再び敢えて難所だと言われる雁坂峠に向かうような気持ちがなぜ起きたのか理解できないからである。甲府盆地に立てばわかるが、東方に険しい山々が連なる。それなりの動機がなくては、そんな剣山《けんざん》を走破しようとは思わない。しかもその方向には征伐する相手はいない。そこで神話創作者は敵を創造した。「自然（山々）」であった。

甲斐国から武蔵国の間には秩父往還と呼ばれる古道があった。

「秩父往還の起点は二説あるが一般には小原西（山梨市）から笛吹川左岸を北上し、塩山市（現・甲州市）橋立の放光寺前から東へ向かい三富村へ入る。一の橋を渡り笛吹川右岸へ出てこの上流が川浦となり雁坂峠へと続く」

「峠を下ったところに埼玉県大滝村（現・秩父市）があり、そこから荒川の峡谷に沿って下り大宮（さいたま市）まで達する道筋となっている。秩父道、雁坂路、甲州裏街道とも呼ばれ古代から甲斐と秩父を結ぶ第一の道であった」

「いつの時代にも秩父山地連峰の標高２０８２ｍの雁坂峠越えには苦労があり荒れ果

てた峠道となっていた」（＊1）

この記述からもわかるように馬を使っても、相当困難な旅になるのは明らかである。案の定日本武尊一行は深山の中で道に迷う。神話では、ここに山犬（狼）が現れて一行を三峯山に案内したことになっている。

日本武尊は、三峯山に仮宮を造営し、国生みの伊邪那岐、伊邪那美の二神を祀った。そしてはるか東国を見渡し、神威の擁護を願った。その仮宮が現在の三峯神社である。

深山に迷い、それを山犬（狼）が助けたというストーリーは、神武天皇東征の際に、熊野の山中を道案内した八咫烏の神話を想起させる。神話創作者にとってはしてやったりの逸話になる。

三峯神社は立地の悪さにもかかわらず多くの参拝者が訪れる。鳥居前では「狛狼」が参拝者を迎える。狼は日本武尊を救った神の使い（眷属）大口真神《おおくちのまがみ》となった。本殿右手奥にある小高い丘には、はるか東国を望む日本武尊像が建つ。

東征を成功させた偉業を誇る姿を神話創作者は見せたかった。その願いを後世の人々が実現したのである。

三峯神社は、三峰山の頂1102mにあるだけに霧がよく立つ。霧中の境内は神秘

三輪鳥居

三峯神社

埼玉県秩父市三峰 298-1

霧中の日本武尊像

狛犬は山犬

三輪鳥居の正式なくぐり方（名古屋市三輪神社 HP を参考に作成）

的だ。パワースポットとして人気がある理由である。時に雲海も見る。

三峯神社についてはもう一つ知っておきたいことがある。ここは三輪鳥居《みわどりい》なのである。

鳥居をくぐる場合一礼することや鳥居中央部は神の道であるから遠慮して端をくぐることは皆知っている。三輪鳥居にはもう一つ作法がある。左回りに8の字半回りしながらくぐるのである。正式なくぐり方で本殿に向かえば、気も引き締まる。

不思議なことだが日本武尊一行はさらにここから東の麓に下り、北北東に進んでいる。

寳登山神社

埼玉県秩父郡長瀞町長瀞 1828

　三峯神社からおよそ33km先に寳《ほ》登《ど》山《さん》神社（長瀞町）がある。日本武尊は宝登山の頂に登り、皇祖神である神日本磐余彦尊《かんやまといわれひこのみこと》（神武天皇）、大山祇神《おおやまづみのかみ》、火産霊神《ほむすびのかみ》の3神を祀った。

　寳登山神社からさらに18kmほど北上すると金鑽神社《かなさなじんじゃ》（神川町）がある。先に大宮氷川神社について書いたがそこは武蔵一宮だった。金鑽神社は武蔵二宮である。

　神川町のある児玉郡は埼玉県でももっとも古墳が多い地域である。神川町には約270基の存在が確認され、いまでも88基が残っている。7基が前方後円墳である（＊2）。古代の繁栄の証である。神川の有力者の中でも、選りすぐりの豪族

鏡岩

金鑽神社

埼玉県児玉郡神川町二ノ宮 751

登山口には日本武尊の像がある

がヤマト王権から、前方後円墳の築造を許されていたことがわかる。

日本武尊は金鑽神社では倭姫から賜った火打鑽金を奉納し、天照大神と素戔嗚尊を祀った。ここでも日本武尊は、大事な武具の一つを手放した。これからの旅で、戦いはない。それがわかっていたのだろう。金鑽神社周辺では良質の砂鉄が出る。鉄製品の加工にたずさわった人々が多かったはずで、それがこの地域繁栄の理由だった。

境内の裏手の山中では鏡石を見ることができる。赤鉄石石英片岩の岩塊が鏡面のように露頭している。筆者は汗を流して奥宮に通じる坂道を登り見学した。残念ながら植林された杉の高木が陽を遮り、鏡石が陽

城峯神社

埼玉県児玉郡神川町矢納 1273-2

日本武尊にちなむ山犬形の狛犬

光を反射する光景を見ることはできなかった。

金鑽神社の南西約13㎞のところに城峯神社がある。神山（732m）の中腹（480m）にある古社で、日本武尊はここでも大山祇神を祀り、矢を奉納した。何か思い込んだかのように武具を手放している。

この神社も狛犬ならぬ狛狼である。

奥秩父には他にも日本武尊東征伝説を語る社がある。本章の記述が頭に入っていれば、そうした社も楽しめるはずである。

日本武尊が、奥秩父からどのようにして甲斐に戻ったかはわからない。その後は信濃に進んだ。そこからの日本武尊の旅についても面白い逸話が残る。機会をあらためてて読者に紹介したい。

＊1：「甲斐の国：山梨の道を探して」、国土交通省関東地方整備局甲府河川国道事務所、16頁 000833639.pdf (www.ktr.mlit.go.jp)
＊2：「広報かみかわ」、2017年6月号、2頁

第7章
古秩父湾
海辺だった秩父

秩父ジオパーク（秩父市、長瀞町、小鹿野町）

第1節　海だった秩父：古秩父湾

　前章で、「日本武尊は宝登山の頂に登り、皇祖神である神日本磐余彦尊《かんやまといわれひこのみこと》（神武天皇）、大山祇神《おおやまづみのかみ》、火産霊神《ほむすびのかみ》の3神を祀った」と書いた。

日本武尊の目前に広がった景色を私たちも見ることができる。山頂近くまでロープウェイ（宝登山ロープウェイ）が通じているからである。山頂駅で降り、のんびりと山頂（４９７ｍ）まで登ることができる。頂近くの寳登山神社奥宮に参拝もできる。

宝登山にはロープウエイで登れる

　次頁の写真が宝登山頂上からの景色である。東に外秩父山地が見える。南に目をやれば秩父市街が広がる。この景色を日本武尊も見た。そして平定した東国の鎮護を皇祖神に祈ったのである。

　１７００万年前、日本武尊が祈った方向には広い海が広がっていた。遠くに見えている山脈（外秩父山地）もまだなく、海は温かく、クジラが潮を吹いていた。

宝登山山頂からの眺望

それからおよそ200万年という長い時間をかけて沈降そして隆起し現在の秩父盆地が出来た。その200万年の移り変わりを描いたのが、169頁の図である（＊1）。

日本武尊の見た秩父盆地そしてその先に広がる外秩父山地には、人間が歴史を刻むはるか前の日本列島の歴史が詰まっている。

日本でもここでしか見ることのできない地球の歴史を知って奥秩父に向かえば、文系脳の人間もちょっとした理科系人間の気分を味わえる。筆者の時代は、大学受験では地学が選択できたが、最近では地学が蔑ろにされているようだ。それだけに、ちょっとした地球を知る旅もたまには良いものである。

列島誕生の痕跡を残す秩父盆地とその周辺には、地学的知的興奮の味わえる場所が山盛りである。知的興奮を味わうためには、それなりの基礎知識がいる。知識があればなんでも楽しいが本書のテーマだ。

1700万年前、現在の秩父盆地は広く浅い湾だった。西には関東山地が聳え、浅い湾は東で外洋につながっていた（図1）。ところが1600万年前、日本列島全体が広く沈降した。西に見えていた関東山地もほとんどが海に消えた（図2）。

1550万年ころになると、東部が隆起し、地上に顔を出し山地を形成した（外秩

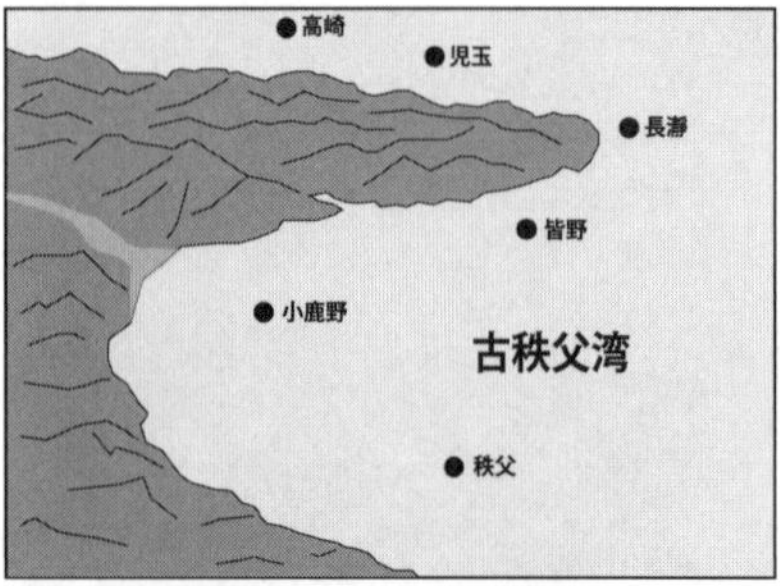

古秩父湾の変遷図1: 約1700万年前

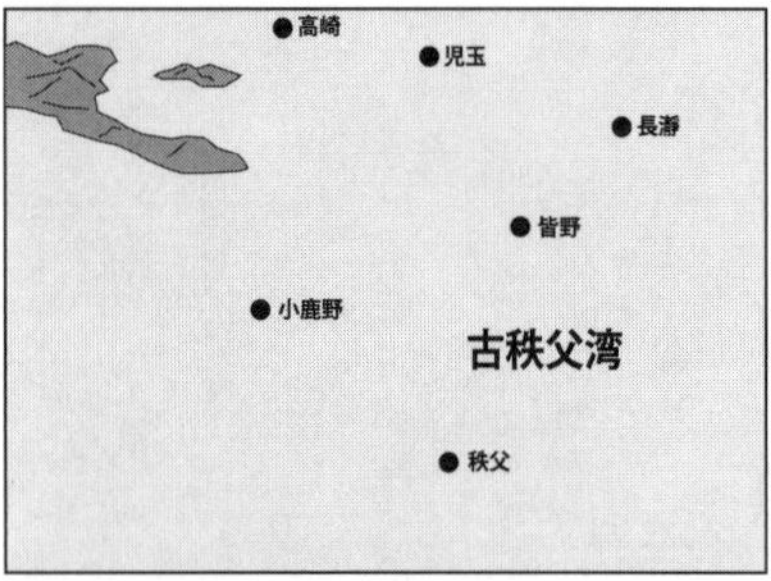

古秩父湾の変遷図2: 約1600万年前

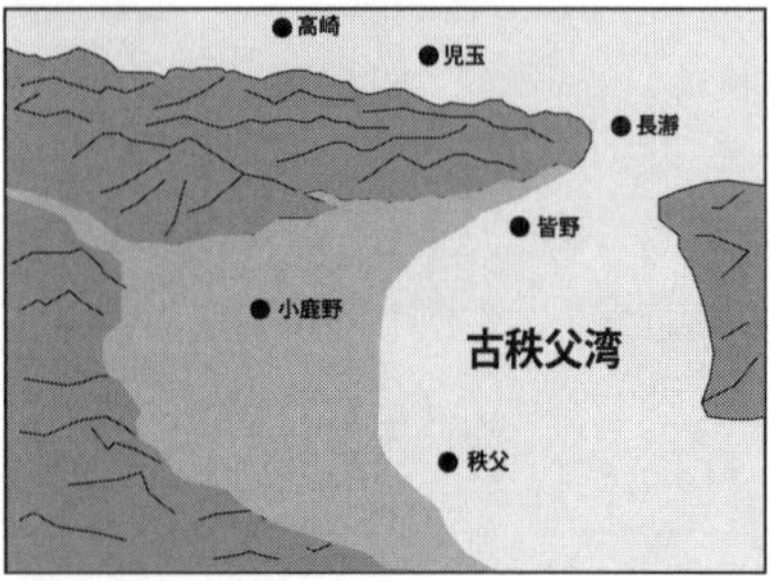

古秩父湾の変遷図3: 約1550万年前
（『古秩父湾』を参考に作成）

父山地）。西でも関東山地が再び顔を出し、急峻の山裾から流れ出す堆積物で浅い海は西から次第に陸化した（図3）。1500万年前になると隆起を続けた外秩父山地と関東山地に挟まれて、かろうじて残されていた浅海も陸地化し古秩父湾は消滅した。

浅海から深い海に、そしてまた浅海化と堆積。古秩父湾消滅のプロセスを頭に入れておく。これが、秩父旅行のための基礎知識である。

下に概念図を示した。最も古い層が秩父古生層である。最新の地学研究ではより複雑になっているが文系脳にはこの図で十分だ。この絵からわかることは、秩父の高い山部分には堆積物がなく、極めて古い時代の岩石が露出する。ところが古秩父湾であった部分は堆積があったために、いくつかの堆積層を見ることができる。

＊1：『古秩父湾』、埼玉県立自然の博物館、2016年、5〜6頁

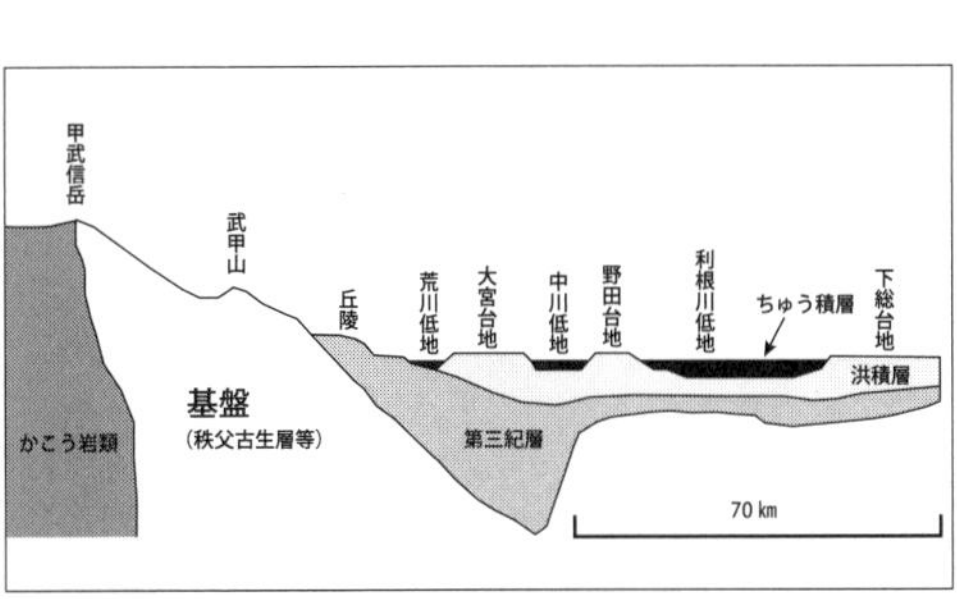

地層概念図（地学団体研究会埼玉支部編『みんなの地学 埼玉編』埼玉新聞社を参考に作成）

第2節　古生層を見る：武甲山と秩父神社

秩父古生層は、前節で扱った古秩父湾の生成と消滅があった1700万年から1500万年前の時代よりはるか前の地層である。日本列島が存在する前の、現在の列島すべてが海の底にあった時代の層である。

秩父盆地の西つまり日本武尊一行が三峰山に抜けてきた一帯（関東山地）に、その時期の地層が顔を出している。関東平野などの地下深くにも広がっているが、その上に新しい時代の地層が重層的に堆積しているので見ることはできない。

秩父古生層が作られた時代は2億年ほど前に遡る。この層には、砂岩、礫岩、石灰岩、輝緑凝灰岩あるいはチャートと呼ばれる極めて硬い石が多い。169頁の概念図にも示されている武甲山はこの時期にできた山である。

次頁の写真は、秩父盆地を取り巻く山々を北側から見たものである。武甲山は左端に見えている。

武甲山の名も日本武尊伝説から来ている。日本武尊はこの山にも登ったと伝えられ、自身の甲（かぶと）をこの山の岩室に納めた。彼はここでも武具を置いていた。凱旋

美の山公園から見た武甲山

帰路には武具は不要だ。

　頂近くに甲を納めた社などがあったが今はかつての山頂はない。削られたのである。

　山が沈んだのではない。この山には秩父古生層が残っており、北斜面は厚い石灰岩の層となっている。石灰石はセメントの原料となり、その埋蔵量はおよそ4億トン。現在も精力的に採掘が続けられている。その結果現在の山頂は1304mとなった。1900年の測量時には1336mであった（＊1）。山頂付近には武甲山御嶽神社と白鳥神剣神社が鎮座する。

　ここから産出される石灰岩には石灰質の原料になった紡錘虫（フズリナ）の化石がぎっしり詰まっている。

　大規模に削られた山肌は遠くからでもよく見

羊山公園からの武甲山

える。絶景スポットはいくつかあるが、その一つが花咲山公園（横瀬町）である。春には羊山公園（秩父市）も良い。一面に広がる芝桜が見事で、白とピンクの芝桜カーペットを歩きながら、南に目をやれば、武甲山北壁が白い山肌を晒している。2億年前の海底を仰ぎ見ているのである。

羊山公園から北に1・5㎞ほど歩けば秩父神社である。秩父神社は武甲山がご神体であるだけに社殿は武甲山を向く。

秩父神社の祭神知知夫彦命《ちちぶひこのみこと》は古事記に見える造化三神の一柱高皇産霊尊《たかみむすひのかみ》の子孫である。彼の10代前の八意思兼命《やごころおもいかねのみこと》が、崇神天皇の時代に初代武蔵国造になった。

秩父神社

埼玉県秩父市番場町1－3

日本武尊の曾祖父の時代にあたる。秩父は早い時期からヤマト王権の勢力下にあった。日本武尊が、このあたりでは気前よく各所で武具を奉納できた理由である。

秩父神社の見どころは、左甚五郎による彫り物である。本殿正面には「子育ての虎」が見える。寅年、寅の日、寅の刻生まれとされる家康（天文11年（1524年）12月26日寅の刻〔午前4時〕生まれ）の寄進への感謝である。

西側には三匹の猿。よく聞き、よく見て、よく話す「お元気三猿」である。北側は、この神社が妙見信仰であったことを示す「北極星の梟」（北辰の梟）が、東側には

左甚五郎の傑作「つなぎの龍」 denkei/PIXTA

甚五郎の傑作と言われる「鎖につながれた龍」（つなぎの龍）を見ることができる。

＊1：笹久保伸、秩父・武甲山論、頸城野郷土資料室学術研究部研究紀要、2016年

第3節　古生層を見る：前原の不整合、長瀞の虎岩

前節では、遠くから古生層（武甲山）を見たが、手で触れられる所もある。秩父神社からほぼ真北に9㎞ほどにある荒川の左岸（皆野町）に前原の不整合がある。この辺りでは荒川は北東に流れている。

不整合とは、時代の異なる層が重なることをいう。前原の不整合は、ジュラ紀（2億年から1億5000万年前）の層の上に1700万年前の地層が乗る。ジュラ紀の層は黒っぽい黒色泥岩で、その上部に古秩父湾が生まれたころの初期の堆積層が乗っている。白っぽい層でその最下部には大きめの礫がたくさん詰まっている。堆積時にはまず重い礫が、その次に軽い砂が順に積もるのでそうなった。

ここでは、実際に近づいて2億年前の地球に触れることができる。上部の礫岩層にはカキの化石（海だったことを示す示相化石）も容易に見つかる。傍らを流れる荒川は長い年月をかけて岩盤を削り続けてきた。その結果、現在の河原のあちこちで、地球の深部を観察できる。

学問は人生を楽しむためのものである。出世や威張るための道具ではない。地学の

知識も人生を楽しむには良きツールである。とりわけ秩父長瀞《ながとろ》観光ではそれが役立つ。秩父鉄道長瀞駅から、すぐに荒川の河原に下ることができる。駅からは、寳登山神社も近い。宝登山と長瀞観光はセットで考えたい。

何事も学問の初めは、面白さを感じることから始まる。この河原は、川底、河原、河岸の何もかもが「地層の百貨店」である。長瀞の川辺は知的好奇心を刺激するオブジェクトに溢れる。

土産物屋が並ぶ小道から川辺に下る階段を降りると、長瀞岩畳である。忽ち岩石の「量」に圧倒される。

長瀞岩畳もかつて（約８５００万年～６６００万年前）は20㎞から30㎞もの地下にあった。地球奥深くから対流上昇してきたマントルが、地底の堆積岩に強烈な熱を加えた。高温高圧の中で泥が主体だった堆積岩は黒色片岩に、火山灰主体の堆積岩は緑色片岩となった。片岩というのは剝がれやすいという意味である。

ここでは、そんな強烈な熱と圧力で変成した岩畳の上を歩くことができる。

次頁の写真でもわかるように岩畳の水平方向にミルフィーユ状の縞が見えている。虎の縞のように見えているのが虎岩である。

茶褐色のスチルプノメレンの間に石英や方解石の白い縞が走っている。織りなす柄《がら》を博多帯に譬えたのは、若き日の宮沢賢治だった。

宮沢は、盛岡高等農林学校二年生の地質巡検で長瀞に遊んだ。虎岩を見た宮沢は、「つくづくと『粋なもやうの博多帯』　荒川ぎしの　片岩のいろ」と詠んだ（1916年：大正5年）。

長瀞岩畳

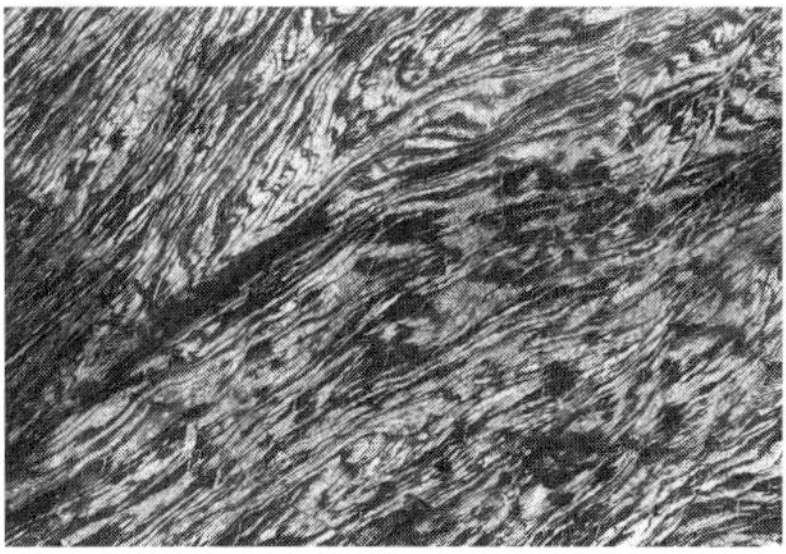

虎岩

岩畳のあちこちに大小の丸い穴があいている。岩畳の凹部に小石が挟まると抜け出せないまま、川の流れで回転を始める。それがドリルの作用をして岩畳に穴を掘る。ポットホール（甌穴）である。

まれにドリル役を演じた小石（丸石）が残る穴もある。

ポットホールは、長瀞だけのものではなく全国で見ることができる。伊豆半島伊東市城ヶ崎海岸では、溶岩の流れた磯に見事なポットホールが残る。海岸なので寄せる波がドリルのエネルギー源である。同海岸観音浜のポットホールでは、昔の砲弾のような大きな丸石が今でも穴を広げている。

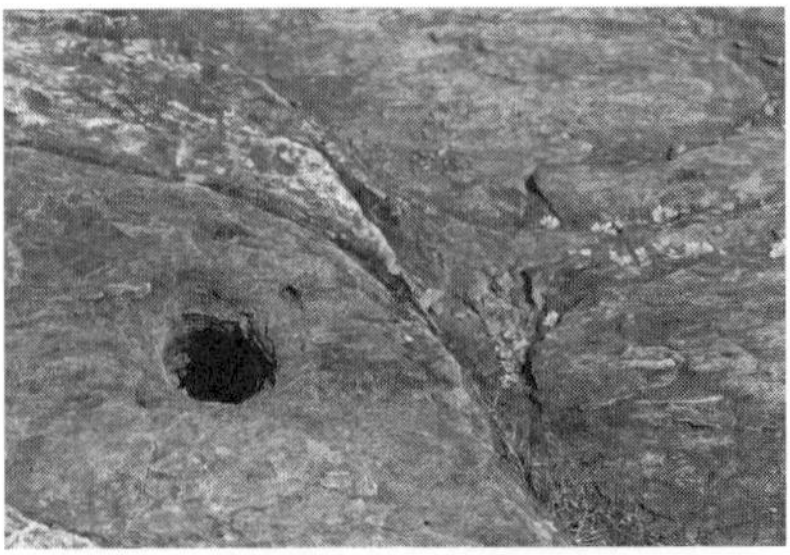
岩畳のポットホール

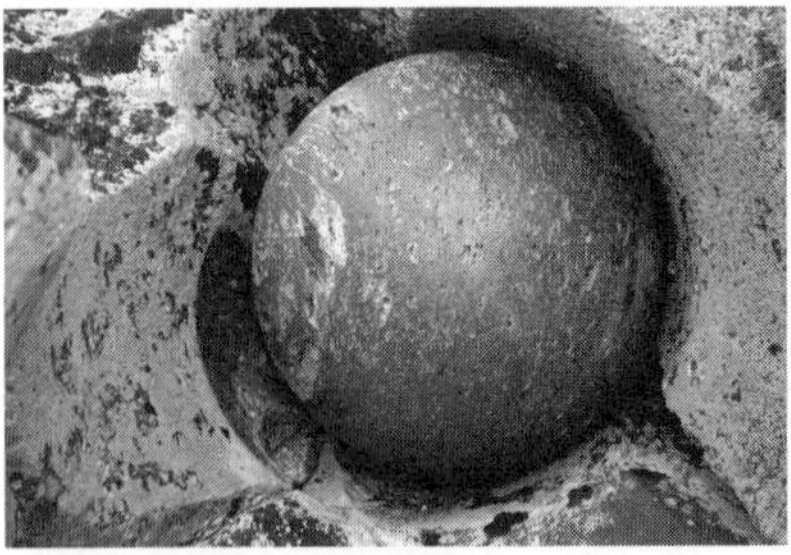
伊豆半島伊東市城ヶ崎海岸のポットホール
提供：伊東市教育委員会

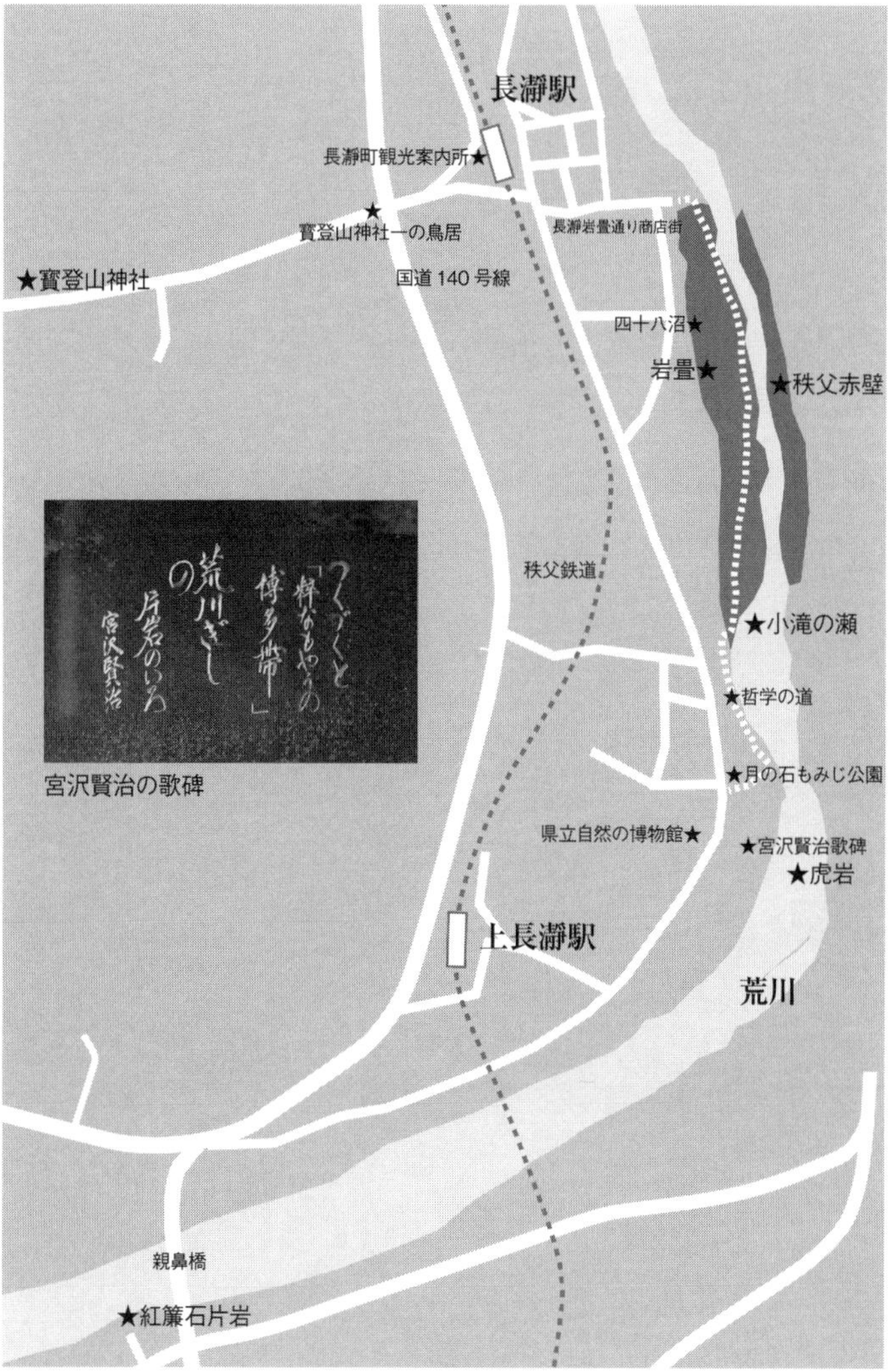
長瀞駅
長瀞町観光案内所★
★
寶登山神社一の鳥居
★寶登山神社
国道 140 号線
長瀞岩畳通り商店街
四十八沼★
岩畳★
★秩父赤壁
秩父鉄道
★小滝の瀬
★哲学の道
★月の石もみじ公園
県立自然の博物館★
★宮沢賢治歌碑
★虎岩
上長瀞駅
荒川
親鼻橋
★紅簾石片岩
宮沢賢治の歌碑

第4節　古秩父湾を見る：ようばけと奇獣パレオパラドキシア

168頁に示した図でわかるように約1700万年から1500万年のおよそ200万年の間に、古秩父湾は深海になりそして浅海になり、堆積物と外秩父山地の造山運動で消滅した。古秩父湾では多くの生物が生まれそして消えていった。

この時期の海底の堆積の様子がよくわかるのが小鹿野町の「ようばけ」である。先に紹介した宮沢賢治も長瀞見学後ここに訪れている。ようばけは荒川の支流赤平川の右岸に見える堆積層である。

この山は　小鹿野の町も　見えずして　太古の層に　白百合の咲く

と宮沢に同化した友人の保坂嘉内が詠んだようばけは、1550万年前、水深20～200mほどの海で堆積した層である。砂岩や泥岩が交互に重なっているのが遠目でもよくわかる。落石の危険があり対岸からの観察になる。

ようばけとは奇妙な名前である。「よう」は夕陽、「ばけ」は崖を意味する「はけ」

からの転化らしい。要するに夕陽に映える崖ということになる。しかし、現場に立ってみると何かしっくりしない。確かに西向きの崖であるから夕陽に映えてもおかしくはないが、夕陽を照り返すほどの崖ではない。崖壁を覆う木や草の存在も気になる。

高田哲郎氏『秩父の地名の謎101を解く』は、「よう」は山深い岩場を意味する「幽（ゆう）」が転化したのだと推理している。筆者はこの説が正しいのではないかと思う。要するに、「山深い岩場の崖」という素直で単純な意味だ。観光客には「夕陽に映える崖」の方がアピールできそうだが、本書の読者は騙されてはいけない。

ようばけは、古秩父湾の中でも最も多くの化石が見つかる赤平川沿い堆積層にある。

1972年、ようばけから南西におよそ3㎞歩いた赤平川上流右岸の層で奇妙な動物の骨が見つかった。チチブクジラや多種のカニの化石も見つかっていた層である。3年後の75年に第1回の、77年に第2回の発掘が行われ、全身骨格化石が見つかった。

小鹿野町のようばけ（筆者撮影）

再現された骨格から海棲哺乳類パレオパラドキシアであることがわかった。頭骨はジュゴンなどの水棲動物に、手足は象に近い。陸棲と水棲の矛盾した特徴をもつこの動物は「パレオ（昔の）の「パラドキシア（矛盾する生き物）」と名付けられた。歯が特徴的で、小柱を束ねたような構造である。

パレオパラドキシアは、ほとんど水の中で生きたようだ。名古屋大学大学院（環境学）は、全身骨格から肋骨強度を計算した。それによると陸上では、その肋骨は自重に耐えられないようだ（＊1）。骨格化石にあわせてサメの歯が出てくることがあるので、サメの格好の獲物だったのだろう。

埼玉県立自然の博物館の庭に展示されたパレオパラドキシアの全身像（著者撮影）

パレオパラドキシアの化石は他所でも見つかっている。2022年には、岐阜県瑞浪市土岐川の河原で全身骨格が見つかった（＊2）。近いうちに、同市の化石博物館で展示される。

＊1：名古屋大学、プレスリリース、2016年7月11日
＊2：日本古生物学会「化石」、瑞浪層群宿洞層よりパレオパラドキシアの全身骨格の発見、2023年113巻、1～2頁

第8章
飯能戦争、帰化人
大東亜戦争の史跡

天覧山（飯能市）、高麗神社（日高市）、入間基地（狭山市）

第1節　埼玉の特殊性：江戸防衛の最前線

武蔵国と一言に言ってもその範囲は広い。現在の埼玉県、東京都、神奈川県の一部（横浜市、川崎市）を包含する。正確な表現をすれば埼玉県は北武蔵である。

「武蔵国には21郡121郷がおかれていましたが、そのうち15郡73郷が埼玉県域に所在していました。（中略）埼玉県域に当たる北武蔵に集中していたことがわかります」（＊1）。

徳川幕府は、江戸の北西に広がる北武蔵に二つのことを期待した。まず江戸の防衛である。先に日本武尊が甲斐国から秩父に抜けてきたことを書いた。江戸幕府は、秩父に侵入する敵を北武蔵で迎え撃たせることにした。もう一つは、江戸が必要とする物資の供給地として利用することである。

北武蔵は確かに地政学上重要な位置にある。この地域に大藩を作らせていないのはそのためである。

さらに、北武蔵には、天領（幕府直轄領）、御三卿（一橋、清水、田安）領、有力旗本知行領がモザイクのように分布していた。中には、鳥取藩の飛び地領（秩父市寺尾）

までであった。「北武蔵での権力は可能な限り分散させたい」。それが幕府の意向だった。大藩は作らせなかったが、それでも防衛の要になる藩は用意していた。それが武蔵三藩と呼ばれる忍藩、川越藩、岩槻藩だった。

川越城本丸御殿（筆者撮影）

とりわけ忍藩十万石には、御三家御三卿につぐ格の高さを与えた。そのことは忍藩から老中などの幕閣が頻繁に任用されていることでわかる。

他の二藩も同様で、武蔵三藩は、さながら幕府高級官僚供給藩であった（＊2）。中世には数多かった北武蔵にあった城もこの三藩の城を残して廃城とした。

飯能の山は江戸への建築用木材の供給地だった。江戸の名物は火事と喧嘩というように江戸は何度も焼けた。

江戸城にあった天守閣は、1657年の明暦の大火（振袖火事）で焼け落ちた。第4章で扱った

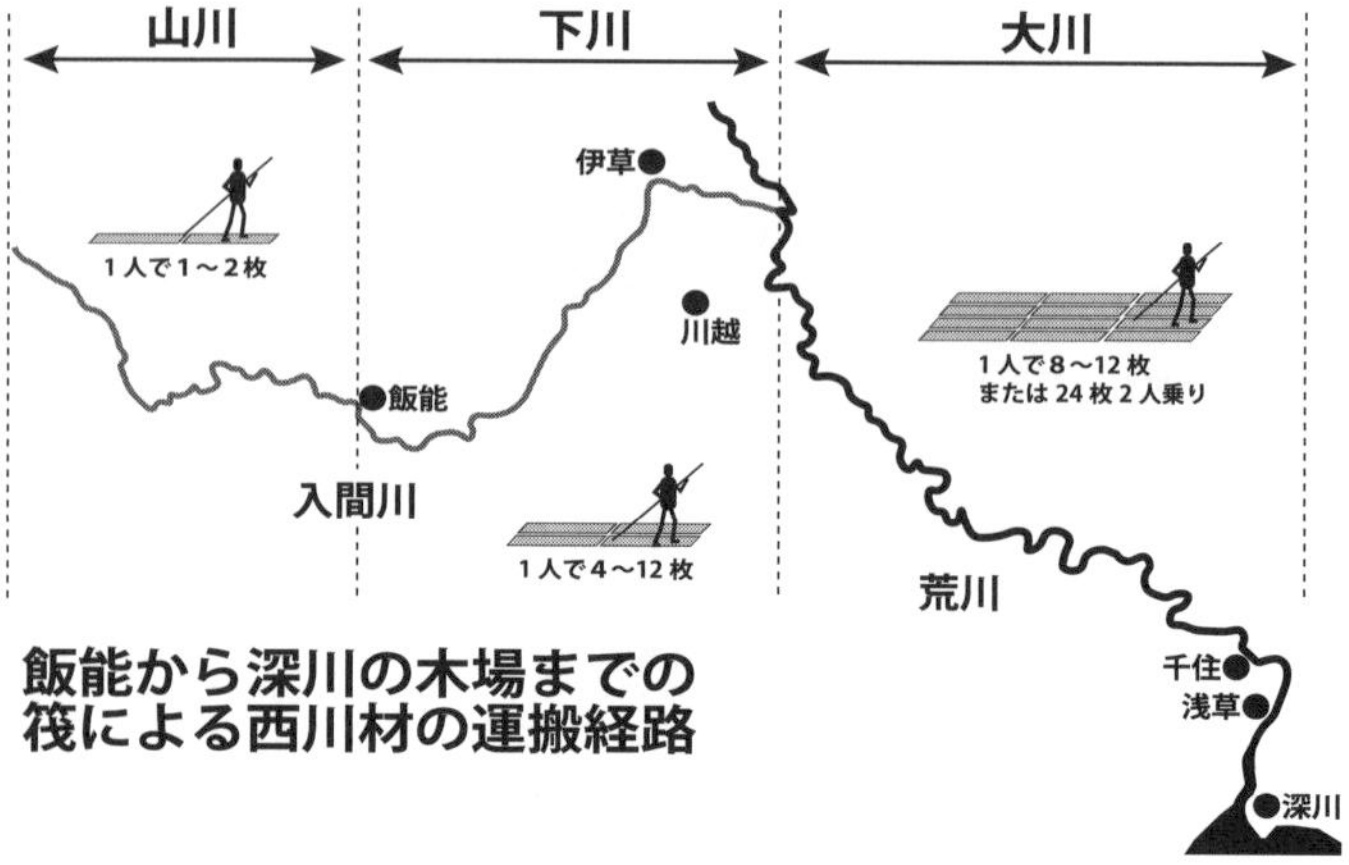

(荒川上流河川事務所『荒川の筏流し』を参考に作成)

芭蕉の暮らした芭蕉庵も1682年の大火で一度焼けている。

深川の芭蕉庵急火にかこまれ、
翁も潮にひたり烟中をのがれしといふ
(斎藤月吟)

この他にも数多くの大火があったが、そのたびに再建の木材が必要であった。その木材の多くが飯能の奥山から筏で深川の木場に運ばれた。良質のスギやヒノキが切り出されたのは現在の飯能市、毛呂山町、越生町の山である。江戸より西の川(入間川)の山で生産されるので「西川材」と呼ばれた。

西川材は、飯能河原まで小型の筏（1～2枚）に組まれ、そこからは筏の数を四枚から12枚に増やして荒川に運んだ。途中で一泊が普通で、潮の満ち引きのある下流では満潮を待ち引き潮に乗って一気に木場に運んだ。江戸期の職人たちの勇壮な姿が目に浮かぶ。

筏による搬出は、武蔵野鉄道（後述）の開通で鉄道輸送となり、次にトラック輸送に代わった。往時の筏下りのさまは見ることはできないが、入間川沿いには遊歩道やサイクリングロードが整備されている。入間川を横目に往時の筏乗りの姿を想像しながら歩けたら、本物の歴史好きである。

上流から1～2枚で運ばれた筏は飯能河原で流す筏の数を増やした。飯能河原は飯能駅から歩いても15分の距離にあり、夏は絶好の川遊びスポットとなっている。バーベキューも楽しめる。

＊1：松本博之、ぶぎんレポートNo.220、2018年4月号、15頁
＊2：同右、16頁

第2節　上野彰義隊（上野戦争）と飯能戦争

一般の歴史書は、山岡鉄舟や勝海舟らが西郷隆盛との交渉によって江戸城を無血開城したと語る。一部抵抗した幕臣ら（彰義隊）が上野の山に立てこもった上野戦争については語られることはあっても、飯能戦争についてはほとんど語られない。

歴史を彩る人物は多岐にわたるが、歴史家の目にはどうしても好きになれない人物が出てくる。筆者にとって嫌な人物の筆頭がウィンストン・チャーチルとフランクリン・ルーズベルトである。この理由については多くの書で明らかにしてきたが本書とは関係がない。

日本史の中でもどうしても好きになれない人物がいる。徳川慶喜である。彼の行動は身勝手で、将軍の持つ幕臣に対する責任を全く放棄していると思える。

徳川家の菩提寺（愛知県岡崎市の大樹寺）には、14の歴代将軍の位牌が並ぶ。15代将軍慶喜の位牌はない。

その理由は、「臨終に際し自らを赦免し爵位まで与えた明治天皇に対する恩義から神式で葬られることを遺言したため」（＊1）らしい。

確かに、慶喜の墓所は谷中霊園にあり、普通の墓ではなく小型の円墳である。

これが慶喜の位牌が大樹寺にないことの説明だが、筆者には納得できない。関係者ははっきりと言えないだろうが、徳川を慕うものにとっては好きになれない人物だからである。

「神式で葬られることを遺言したため」という説明はそもそもおかしい。家康の墓所は久能山東照宮にあり、神式で祀られていることが位牌のないことの説明にはならない。

鳥羽伏見の戦いでは部下との打ち合わせもなくあわてて江戸にもどり新政府への帰順の態度を見せた。幕閣や幕府を支持する藩との根回しもなく周囲の「配慮」に丸投げしたまま、寛永寺（大慈院）に籠った。

彼自ら、幕府解体（解散）から、明治新政府へのスムースな権力移行に指導力を発揮することもできた。そうなっていれば、東北諸藩（奥羽列藩同盟）との戦い、あるいは榎本武揚らが率いた蝦夷共和国との戦い（箱館戦争）も回避できた可能性があった。江戸を戦火から救ったから偉いとする評価もあるが、将軍としての指導力を発揮しながら江戸を救うというやり方もありえた。

いずれにせよ、大慈院に籠った将軍を見て、幕臣たちは混乱した。慶喜の助命嘆願を主目的に結成された組織が彰義隊だった。深谷の渋沢成一郎（渋沢栄一の従兄）が頭取、天野八郎が副頭取だった。渋沢栄一については後章で扱う。

慶喜が1868年4月11日（旧暦以下も同様）に寛永寺から水戸に移ると、彰義隊は分裂した。とりあえず慶喜の身の安全は確保されたことで、組織目標が微妙にずれ始めた。

江戸市中での戦いを避けたい渋沢成一郎頭取。強硬派の天野八郎副頭取。渋沢頭取らは強硬派と袂を分かった。上野の山（寛永寺）に籠り続けた天野らを新政府軍が総攻撃したのは5月15日のことである（上野戦争）。この戦いはわずか半日で彰義隊の敗北となった。

彰義隊と袂を分かった渋沢が結成していた組織が振武軍だった。300人ほどの組織で田無（現・西東京市）を本拠地とした。上野戦争勃発を受けて援護に向かうと決めたが、彰義隊敗北の報がすぐに届いた。

振武軍は、新政府軍との戦いは不可避と考え決戦の地を考えた。彼らが選んだ地が飯能だった。決戦を決めた振武軍には彰義隊敗残兵なども加わり隊士の数は1500

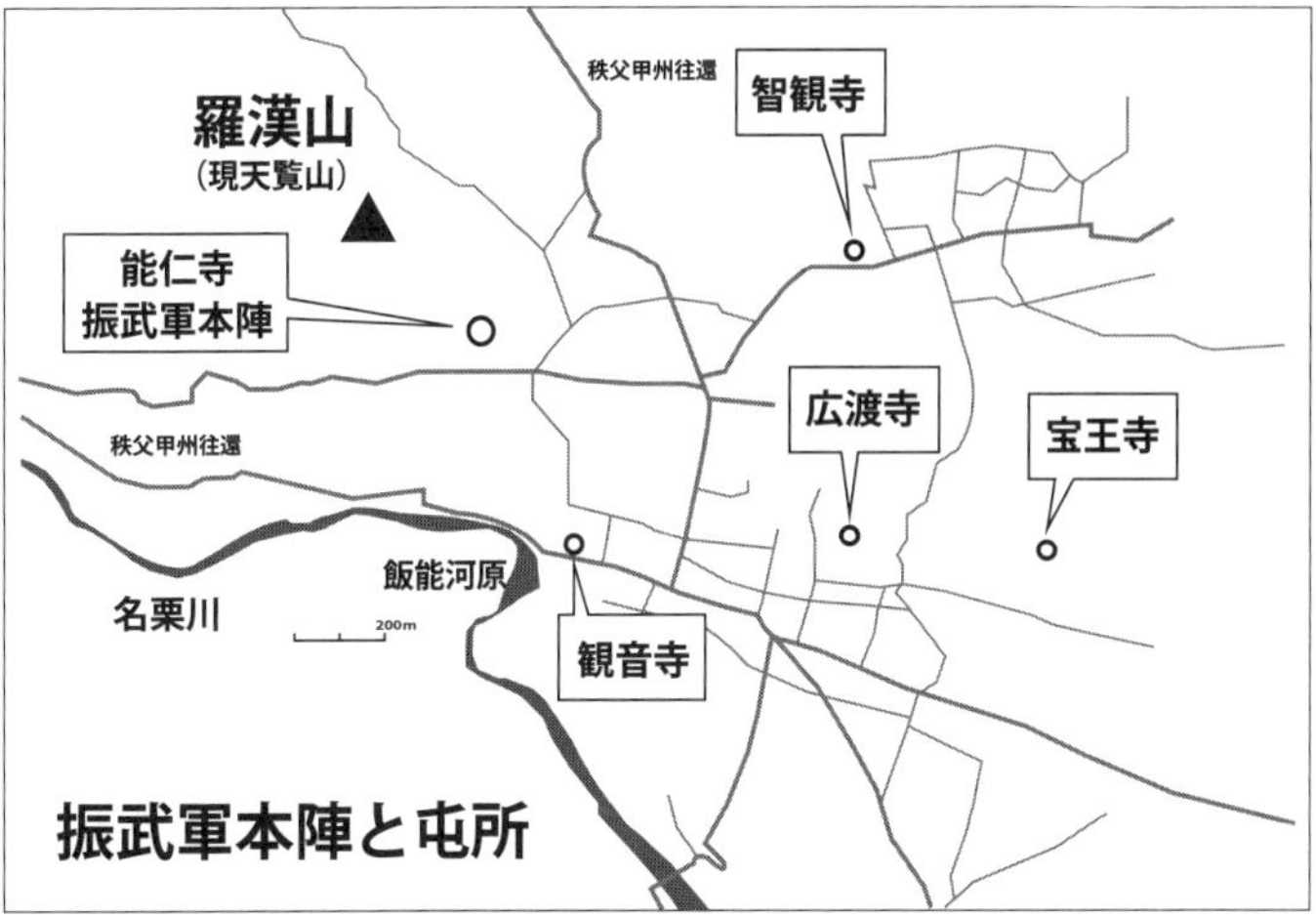

振武軍本陣と屯所

ほどに増えていた。

彼らが、本営に選んだのが羅漢山（現・天覧山）にある能仁寺であった。隊士は近くの観音寺、広渡寺、智観寺、宝玉寺を屯所にした。

新政府軍およそ３５００が、「賊軍」の籠る寺々に総攻撃をかけたのは５月23日である。正午近くには能仁寺が焼け落ち、午後三時ころには大勢が決した。新政府軍は、住民が振武軍に協力していると疑い民家も砲撃した。民家およそ２００戸が焼けたのはそれが理由である。当時の砲弾は市博物館で見ることができる。

能仁寺は、前節で扱った飯能河原の北わずか１㎞ほどのところにある。渋沢らが飯能で戦うと決めた理由はよくわからないが、ここなら敗北しても背後の山に逃げやすいと考えたようだ。渋沢には若干の土地勘もあったらしい（＊２）。能仁寺は、昭和11年に再建された。境内に飯能戦争を示すものは、振武軍顕彰碑だけである。

飯能河原から能仁寺方向（北）を望むと神奈備型の山が見える。能仁寺が所有する天覧山である。明治16年（１８８３年）４月、飯能東部の平地で陸軍近衛師団の演習があった。明治天皇はこの山頂から演習を統監した。爾来《じらい》、羅漢山が天覧山となった。１９７ｍの低山だが眺望良好である。

天覧山　© 京浜にけ

大正４年（１９１５年）４月、飯能に鉄道（武蔵野鉄道）が開通した。先に大宮公園や明治神宮の造営に本多静六博士の貢献があったと書いた。本多静六は、武蔵野鉄道敷設が決定していた明治45年（１９１２年）、天覧山を基軸にして飯能を遊覧地にすることを考えた。コース二つを提示した。鉄道開通で観光客が相当に増えることが予想された。

本多は、飯能戦争で焼けた観音寺、諏訪神社、能仁寺、天覧山を巡るコース、天覧山から見返り坂、多峯主山《とうのすやま》、御嶽八幡社を巡るコースの二つを考えた。武蔵野鉄道の開通で、飯能は日帰り圏内となる。鉄道開通前に、日帰り客が楽しめる観光開発案であった。

都内近郊のレジャースポットとなった飯能は、今では低山ハイキングでも人気である。

＊1：飯能戦争の経緯については、松本博之、「戊辰戦争に対峙する武蔵三藩、そして飯能戦争へ」、ぶぎんレポートNo.222、2018年6月号に依った

＊2：埼玉・飯能市「能仁寺」明治維新の激戦地を歩く、産経新聞、2018年6月1日付

第3節　高麗人がやってきた村

筆者の学んだ歴史書では、古代に、支那大陸あるいは朝鮮半島から日本にやってきた人々を帰化人と呼んでいた。彼らは、気候もマイルドで政治的に安定した日本に暮らすことを喜び、彼らの持つ技術や知恵を伝えながら日本に同化した。つまり帰化したのである。

しかし、戦後の左翼歴史家は、日本より朝鮮半島あるいは支那大陸の文化が常に進んでいたことにしたいらしい。いつの間にか帰化人という言葉が、渡来人になってしまった。彼らは、わざわざ「高い技術」を伝えに日本に来たのではない。日本が暮らしやすい、つまり総合的に考えて、日本の文化がベターだからやってきたのである。そのついでに「日本になかった技術」を伝えたのである。言ってみればバーターである。

ヤマト王権（大和朝廷）は、彼らを丁寧に扱い、日本各地に居住することを認めた。秦氏出身の秦河勝は聖徳太子に仕えた。新羅系の秦氏が日本への仏教布教に深く関与していたことは、彼が建立した広隆寺を見ればわかる。帰化人を理解しないで日本の

高麗神社　埼玉県日高市新堀833
（筆者撮影）

古代から奈良時代への流れは摑めない。

最初に日本にやってきた帰化人は新羅の王子だった天日槍《あめのひぼこ》だとされる。垂仁帝は、彼に宍粟邑（宍粟市）と出浅邑（淡路島）を与え、「汝意のままに居れ」と言った（日本書紀）。天日槍は但馬国に住んだ。

６６６年には高句麗から、ヤマト王権に救援を求めて使者がやってきた。唐と新羅に圧迫され、国家存亡の危機にあって日本を頼りにしようと送り出した使者が若光だった。しかし、高句麗はこの２年後（６６８年）に滅亡し若光は帰る祖国を失った。逆に高句麗からは日本に逃亡するものが相次いだ。関東各地に居住を許され高麗人（高句麗人の意味）と呼ばれた。

716年、各地に分散していた高麗人1799人は、武蔵国に高麗人の村を作るよう命じられた。それが高麗郡だった。

「駿河、甲斐、相模、上総、下総、常陸、下野の七国の高麗人一七九九人を武蔵の国にうつし、高麗郡を置く」と続日本紀は記す。

現在の、日高、飯能、鶴ヶ島の両市のほぼ全域、さらに狭山市、川越市、入間市、毛呂山町の一部にまで広がる広いエリアである。高麗郡は1896年に入間郡に編入されるまで存続した。高句麗人の村なので高句麗郡とすべきだが当時は郡の名は二文字とされていた。

高麗郡を与えられた高句麗族は朝廷に感謝し、神社を建立した。それが高麗神社である。前節で紹介した能仁寺から北にわずか6㎞ほどである。なんともいえない「違和感のある」神社である。朝鮮風なのである。

それにしても、なぜ朝廷は高麗からの帰化人をこの地に集中的に住まわせたのか。これは彼らのもつ皮革技術にあったらしい。武蔵国は早い段階でヤマト王権の勢力下に入っていた。皮革技術は武具製作の軍事技術である。武蔵国に軍事技術を伝えさせる目論見があったのかもしれない。

古代史の専門家は、ヤマト王権と敵対関係にあった高句麗、新羅からの帰化人を意図的に東北の「夷」に近いところに済ませたのだと考える。高麗郡設置のおよそ40年後の758年に今度は新羅郡を同じ武蔵国に作らせている。

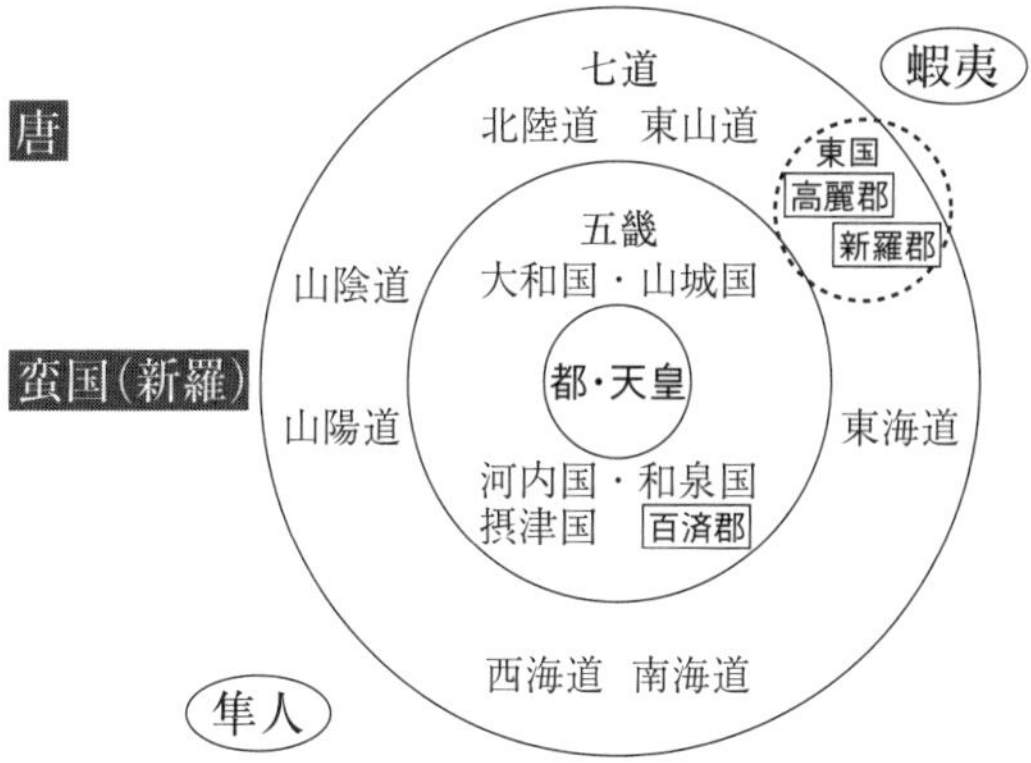

日本型中華思想の模式図（＊1）

「帰化の新羅僧三十二人、尼二人、男十九人、女二十一人を武蔵の閑地に移す」（続日本紀）
数は74人で少ないが、現在の和光、朝霞、志木、新座などを新羅郡とした。
日本と友好関係にあった百済からも帰化人が多いが、百済出身者には畿内に河内、和泉、摂津に百済郡を作らせた。ヤマト王権の当時の考え方は上の図に示した。これは、宮瀧交二教授（大東文化大学文学部）が示した概念図である（＊1）。畿内から見て北東（鬼門）を、敵対関係にあった国からの帰化人を使って開発させた。東北の「夷」に備えさせたのだろう。

高麗神社から、南に1km足らずのところに高麗山聖天院がある。真言宗の古刹で先に書いた高句麗からの使者若光の墓所（伝若光之墓）がある。山門から中門への石段を登れば庭園と阿弥陀堂が、もう一つの石段を登れば本堂である。

高麗山南麓の聖天院本堂
（筆者撮影）

高麗山南麓の中腹に建つ本堂からは高麗川が東西に蛇行する様子がよくわかる。高麗川堤は数か所で遊歩道が整備されている。その向こうの丘は名門ゴルフコース（武蔵丘GC）である。

＊1：宮瀧交二、武蔵国新羅郡誕生の歴史的背景について、和光市デジタルミュージアム紀要第5号、2018年、6頁

第4節　戦争遺跡を見る：陸軍航空士官学校（現・航空自衛隊入間基地）

日本各地に戦争遺跡は残っているが学校教育では全く取り上げない。明治天皇が能仁寺から近衛師団の演習を統監したと書いた。明治天皇は1912年7月30日に崩御した。

早くも、この年の11月16日、次代を継いだ大正天皇が統監する陸軍特別演習が入間川を挟んだ狭山の地で行われた。参加総数4万8700人、軍馬も8200頭。まさに大演習だった（＊1）。

朝5時40分に入間川駅（現・西武新宿線狭山市駅）に到着した大正天皇は駅南西2km弱にある稲荷山の統監所（野立所）に騎馬で入った。ここからは北西方向に入間川の河川敷の広がりが一望できる。演習の統監には絶好の位置にある。

偉大だった父明治天皇の御代からの責任をその双肩に背負った30代そこそこの青年天皇は緊張していたに違いない。欧米列強との交渉は、軍事力が背景となる時代だった。西洋列強に侮られてはいけなかった。

稲荷山は現在稲荷山公園となり、野立の場所には記念碑が立つ。その傍らで大正天皇の緊張を想像してみたい。

大正元年の大演習からおよそ四半世紀が経った1938年（昭和13年）12月、陸軍は稲荷山の麓の土地10万坪を買収した。陸軍航空士官学校を創設したのである。卒業式に必ず臨席した昭和天皇は、この学校を修武台と命名した。現在、修武台は航空自衛隊入間基地となっているが、基地内には修武台記念館がある。見学会（申し込み制）に参加できる。

大正天皇と稲荷山の統監所（「ジョンソン基地とハイドパーク展」パンフレットより）

1945年8月15日、日本は日米戦争に敗北した。1か月後の9月14日、米第5空軍が修武台に進駐した。同時に基地周辺の土地は接収され、稲荷山公園も対象になった。ジョンソン空軍基地と命名された進駐軍基地に多くの米兵がやってきた。稲荷山には兵士用住宅が建設されハイドパークと呼ばれた。

敗戦に打ちひしがれた当時の日本にあって、ハイドパークはアメリカの富の象徴だった。

「ハイドパークの中のおうちは、キッチンがなにしろ

広いし、流し台も大きくてお湯が出て、大きな作業台のある今で言うアイランド型で、映画で見るようでしたね」（＊４）

１９７８年（昭和53年）９月、ジョンソン基地は全面返還され、航空自衛隊入間基地となった。稲荷山公園の歴史は、20世紀日本の歴史である。

稲荷山公園近くに素晴らしい洋館がある。米空軍が将校用宿舎として接収した旧石川組製糸西洋館である。

ジョンソン基地第２ゲート（「ジョンソン基地とハイドパーク展」パンフレットより）

旅の醍醐味の一つは「本物」を見ることである。一流を見れば「目が肥える」。妻沼聖天の彫り物や稲荷山古墳の金錯銘鉄剣でそれが実感できたはずである。

旧石川組製糸西洋館は、国宝ではないが品の良い大正期の西洋建築である。関東でも有数の製糸（絹糸）会社だった石川組製糸が大正10年（１９２１年）に迎賓館として建てた。

ジョンソン基地の西に隣接するだけに将校には便利だった。稲荷山公園からも近い（１km弱）。

大正期の輸出の花形は生糸だった。西洋館は、石川組創業者石川幾太郎が取引先の米国のクライアントを招くために建設した贅を尽くした迎賓館である。外観だけでも品の良さがわかる。内部の造形、腰壁や床材、照明器具、ステンドグラス。それらを一流の職人が「作品」に仕上げた。

入間市は、この館を改修し有形文化財として一般開放している。コンサート会場にもなり、結婚記念撮影も可能である。ドラマやCMの撮影もあるようだ。

石川組は、化繊の登場にうまく経営を対応できず1937年に解散した。競合だったグンゼや片倉工業などが市場の変化に上手に適応し現代も経営を続けているだけに、いささか残念

旧石川組製糸西洋館　©Teledrapilgrimage

片倉シルク記念館　提供：片倉工業株式会社

である。

熊谷には片倉シルク記念館がある。妻沼聖天山歓喜院から南におよそ10㎞なので車での熊谷訪問時にはこの二つをセットにしたい。

＊1、2、3、4：「ジョンソン基地とハイドパーク展」パンフレット、狭山市立博物館、パンフレット、2012年

第9章 武蔵国から思う鎌倉武士の憂鬱

狭山清水八幡宮（狭山市）

第1節　木曽義仲嫡男義高の悲運　その1　源行家

木曽義仲が斎藤実盛の首を見て涙を流した事件を書いた。俳聖芭蕉は、多くの古典を読み込んでいた。だからこそ平家物語に書き込まれたこの名場面の現場で「むざんやな兜の下のきりぎりす」と読んだ。

芭蕉は、義仲が好きである。彼は義仲を祀る寺（大津市義仲寺）に葬れと遺言した。なぜ芭蕉はそれほどに義仲にほれ込んだのか。芭蕉ゆかりの地に立つ度に考えさせられる謎である。

木曽義仲（駒王丸）が斎藤実盛に救われ木曽の中原兼遠に預けられて育ったこと、1180年に平家打倒を訴えた以仁王の令旨に応えて兵を挙げたことを書いた。命の恩人であった斎藤実盛の首を見て涙したのは篠原の戦いのことであった。

木曽義仲は、京への進軍前に源頼朝とひと悶着あった。そのことを知らないと、義仲のそしてその嫡男義高の悲劇を理解できない。

保元・平治の乱を通じて平清盛が天下を握ったことはすでに書いた。平治の乱で棟梁源義朝を失った源氏武者は逼塞を余儀なくされた。とりわけ義朝と血のつながる武

源氏為義の系図

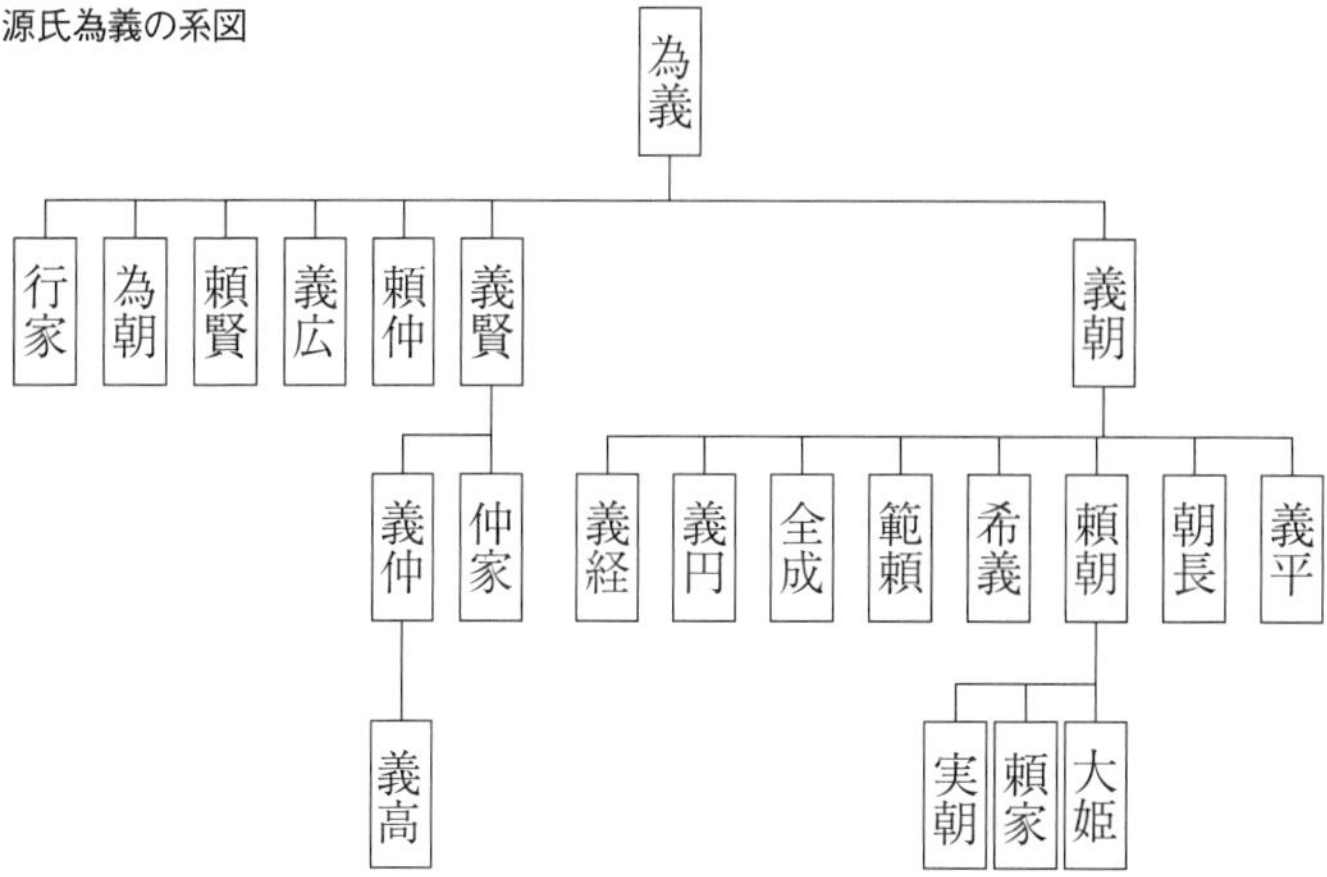

者は目立たないように暮らさなくてはならなかった。

「平家にあらずんば人にあらず」の時代に、殿上人にまで上り詰めた人物に源頼政がいた。殿上人とは三位以上の官位を持ち、天皇の空間（清涼殿）へのアクセスが許される貴人の総称である。弓の名手であった頼政は源氏でありながら平家の世で従三位の地位にまで出世した稀有な武将だった。

そこまで出世した頼政が、自身の不遇を恨む以仁王に反平家の決起を促した。その理由はよくわかっていない。以仁王は、院政を敷く後白河法皇（上皇）の第三子で、帝位を狙っていた。しかし、平清盛が、高倉天皇と自身の娘徳子との間に生まれた言仁親王を安徳天皇に即位（治承4年2月：1180年）させたために以仁王の望みが絶たれた時期である。

いずれにせよ、頼政は、全国に散って逼塞する源氏の武将を挙げて勝算ありと以仁王を勇気づけた。頼政は、その中の一人に源義盛を挙げて見せた。義盛は後に行家と名を変えた。

熊野には、故六条判官為義が末子十郎義盛がかくれて候（平家物語）

為義は、保元の乱で斬首されていた。義盛（行家）は、熊野新宮の地で、「平氏興隆、栄華の時代を世間に隠れるようにして過ごしていた」（＊1）。

頼政が義盛に目を付けたのには理由があった。義盛の母は、第15代熊野別当長快の娘だった。熊野別当とは熊野三山（熊野本宮大社、熊野速玉神社、熊野那智大社）を統括する役職である。だからこそ新宮の地で育った。

熊野大社は全国に修験者（山伏）のネットワークを構築していた。頼政は、義盛に以仁王の認（したため）た令旨を持たせ、東国に散っている源氏有力武将に平家打倒の檄を飛ばす使者にしたかったのである。熊野別当の孫であるだけに熊野山伏の協力が得られるのである。

当時の熊野別当は第19代行範だった。熊野別当との深い関係を示すには、「行」の字が役に立つだろうと義盛から行家に改名した（＊2）。

＊1：佐倉由泰、『平家物語における源行家』、信州大学人文科学論集、1996年、193頁
＊2：新宮モダン、新宮市観光協会　新宮モダン　丹鶴姫と新宮行家ー新宮市観光協会（www.shinguu.jp/shinguu-modern-file05）

第2節　木曽義仲嫡男義高の悲運　その2　頼朝の東国統一

以仁王の令旨は平家の横暴を詰るものだったが、とりわけ自身の帝位を絶望的にした清盛による安徳天皇の擁立を非難していた。

治承4年（1180年）4月9日に発せられた令旨を携えて行家は東国に旅立った。以仁王や頼政にとって不幸だったのは、反平家の挙兵計画がたちまち漏れてしまったことだった。警戒する清盛は直ちに手を打った。後白河院を幽閉（5月14日）し、以仁王を源以光に改名させ土佐配流を決めた（5月15日）（＊1）。

平家側の動きを察知した以仁王は、支援グループの一つだった円城寺（三井寺）に逃げた。平氏は、円城寺攻撃を23日と決めた。以仁王に通じていた源頼政は、攻撃前の21日夜半、嫡男の源仲綱、養子の兼綱を連れ円城寺に入った。平氏は、ここでようやく頼政の謀反に気づいた。

頼政らは、延暦寺が支援してくれることを期待していたがそれがないことを知った25日夜、円城寺を脱出し、支援が期待できる奈良興福寺を目指した。26日早朝これに気づいた平氏の追討軍は、以仁王・頼政一行を追った。宇治平等院近くで彼らに追い

以仁王墓所（木津川市山城町高倉神社内）
（筆者撮影）

ついた（＊2）。

あまりの兵力の差を見て勝ち目なしと覚悟した頼政らは、以仁王をまず逃がしたうえで、防戦に努めたが、最後は、宇治平等院で自害した。以仁王は、綺田《かばた》（木津川市山城町）まで来たところで流れ矢にあたって死んだ。

以仁王も頼政も死んだが、行家が持参した令旨は各地で源氏決起の空気を醸成していた。

平氏は東国に散る源氏の決起を警戒し、大庭景親に、令旨を受けたものを討伐せよと命じていた。決起するか平家に仕えるか。容易に決断できなかった。

大庭景親は、相模国（現・藤沢市周辺）

を根拠にしていたが、平家との結びつきを強めており、以仁王の反乱の時期にたまたま京にいた。平家は大庭に取り急ぎ在京の武士を率いさせ、令旨に応じる可能性のある者たちの討伐を命じた。大庭が相模に戻ったのは8月の初めのことである。

行家の持参した令旨は4月27日には源頼朝に届けられていた。妻政子の父義政ら北条一族と悩む中で、大庭が相模に戻ってきた。こうなるとぐずぐずできない。「令旨に応じる可能性のある者たちの討伐」が始まるのである。

8月17日、意を決した頼朝と北条一族はかけに出た。伊豆韮山に居を構えていた平家方の伊豆目代山木兼隆を急襲したのである。この日は伊豆一宮三島大社祭礼の日で警備が手薄だった。不意をついたこの初戦には勝利はしたが、真の敵は大庭景親である。

大庭との戦いは湯河原近くの石橋山となった（8月23日）。頼朝の軍勢はわずか300騎あまり。対して大庭はおよそ3000騎。忽ち劣勢となり、湯河原山中の修験道の山伏だけが知る「しとどの窟」に隠れ、追手を逃れた。

8月28日、密かに真鶴岬から安房（房総半島）に逃げることができた。その後関東に散る有力武士団をまとめ上げ、鎌倉に入った（10月6日）。これだけ短期間に頼朝の決起に多くの武士団が集まったのは、「令旨に応じる可能性のある者たちの討伐」への恐怖があった。好き勝手に討伐されてはたまったものではない。そんな気持ちになっていた。

休む間もなく、16日には鎌倉を立ち、平氏が送り出した平維盛率いる追討軍との決戦に向かった。両軍は富士川を挟んで対峙した。両軍の兵力は史料に誇張があってよくわからないが数千から数万であったらしい。平家の武士たちは坂東武者の強さを聞いていた。源氏の先鋒が動き始めるとたくさんの水鳥の飛び立った。その羽音を頼朝の大軍の攻撃だと勘違いした。狼狽した平家軍は戦わずして潰走した。これが世にいう富士川の戦いである。

湯河原山中の洞窟「しとどの窟」（筆者撮影）

頼朝は敵を追わなかった。「まず東国を盤石にすべき」と進言した千葉常胤、三浦義澄らの意見を容れた。しかし、令旨を持って決起を説いた行家は違った。今から思えば滑稽だが、行家は自身を頼朝と同格と考えていたようだ。彼は、三河・尾張周辺の源氏勢（東海源氏）を糾合し、平家を西に追った。

大勢を立て直した平重衡、平維盛を指揮官とするおよそ3万の平家軍は墨俣川（現・長良川）の西（大垣市墨俣町）で、行家の軍勢（およそ5000から6000）を待ち受けた。行家は川の東岸に陣を張った。頼朝も、行家の動きを傍観もできず、異母弟義円に1000の兵を付け参戦させていた。

行家も義円もどちらも指揮官でありながら先を争って渡河した。それが結局はみじめな敗戦の原因となった（1181年3月10日）。東に逃げた行家らは三河の矢作川で大勢を立て直し、一戦交えたがここでも敗退した。

鎌倉に逃げ戻った行家はおかしな行動を取った。関東に所領を望んだのである。頼朝と自分は同格であると考えるだけに行家には当然の要求だったのかもしれない。頼朝は、自力で所領を確保せよと素気なかった。行家は頼朝を見限った。

義仲も令旨を受けすぐに起ったわけではない。彼が起ったのは頼朝の決起から一か月ほど後のことである。義仲はまず信濃にしっかりとした源氏武士団を作り上げることを優先した。一時、関東に出て西上野方面で決起を促しはしたが、すぐに信濃に戻り、依田城（上田市）に依って準備を整えた。義仲を支えたのは、依田氏、丸子氏、長瀬氏などの在地武士団である。

その義仲に、平家側の追討が仕掛けられた。しかし、横田河原の戦い（1181年6月、長野市）で城長茂を破った。城は平宗盛の命で義仲討伐に向かった越後平氏だった。信濃勢力をまとめ上げる義仲を頼って重要人物がやってくるようになる。以仁王の遺児北陸宮も義仲に庇護を求めた（1182年8月）。頼朝と反目していた行家も翌1183年には庇護を求めて義仲を頼った。

ここまでの記述で、木曽義仲が信濃を拠点として大きな勢力を築き上げ、鎌倉を中心に関東の反平家勢力を纏めている頼朝と並び立っていることがわかる。そうなると頼朝が義仲を警戒するのも道理である。とりわけ行家が義仲に走ったことに頼朝には気分を害していた。

そのころ義仲を誹謗中傷する人物が現れた。甲斐源氏の武田信光である。「義仲は平重盛の婿になって頼朝を討とうとしている」。信光の先祖は源頼義の三男新羅三郎義光だった。義光は頼朝の先祖になる義家の弟であり、嫡流の頼朝より家格は下位である。信光はそれをわきまえ、頼朝を立てる態度に終始した。

甲斐源氏の棟梁の気概を持つ信光は頼朝との協力を鮮明にしながら、信濃に大きな勢力を張り始めた義仲が気に障って仕方がなかった。

ここからの動きがよくわかる史料がないが、頼朝は大軍を率いて信濃に向かったらしい（1183年）。義仲は急ぎ現在の新潟県との県境にある熊坂山に陣を張った。その一方で非戦の交渉を開始した。書状のやり取りの肝は次のようなものだった。

義仲：頼朝殿は長男の系統。次男の系統の私は頼朝殿を大将軍に仰ぎ、ただ平家との戦いに尽力しているだけです。

頼朝：義仲が平家と結ぶと聞いた。その真偽を確かめたい。行家のいい加減な言葉を鵜呑みにされては困るので、行家をこちらに渡せ。それが出来なければ、息子を人質にだせ。

義仲は、嫡男義高を人質に出すことに決めた。義仲は腹心の妻たちに、義高を出すことで戦いを避けたと伝えると、夫たちの死が避けられたとみな涙した。

幼児期に父を亡くして育った義仲は、11歳の嫡子を人質に出した。行家をなぜ差し出さなかったのか。自分を頼ってきた叔父を追い払うわけにはいかなかったのであろう。

しかし行家がそれを恩義に感じた形跡はない。

「この決断について、行家は義仲への恩義を感ずるべきところであろうが、以後、『平家物語』に現れる行家の言動からはそれは認められない」（＊3）

＊1、2：以仁王の乱概観、東京大学木曽谷研究第一号、2021年、10頁
＊3：佐倉前掲書、198頁

第3節　木曽義仲嫡男義高の悲運　その3　義仲の入京と失脚

義仲は、頼朝との関係を嫡子義高を差し出すことで修復した。頼朝も、義高を愛娘大姫の許嫁にしているから、この時点では義仲に篤い信頼を置いたのであろう。義仲が、北陸道を京に向かって快進撃を続けたのは頼朝との和解がなったあとである。篠原の戦いで恩人斎藤実盛の首に嗚咽したのもこの時期だった。

1183年7月、義仲は破竹の勢いで京に入った。後白河法皇は東から昇る太陽にたとえ「旭将軍」の称号を与えた。義仲は都落ちした平家に代わって都の警備を任された。しかし、義仲の兵は、混成軍である。義仲の指揮系統に緩みがあった。時に発生する市中での兵士の乱暴狼藉がコントロールできなかった。

それが後白河法皇の気分を害した。それに加え皇位継承問題で義仲は法皇と対立した。以仁王の第一皇子北陸宮が義仲の庇護を求めたと書いた。義仲は、北陸宮を平家とともに都落ちした幼帝安徳天皇に代わる次期天皇にすべきだと主張した。

平家を都落ちさせたのは、元はといえば以仁王の令旨があったからこそだった。北陸宮を次期天皇に擁立すべきだとする義仲の主張には一理あった。結局は卜占により法皇が推す四宮（後鳥羽天皇）が擁立され収まりがついた。

後白河法皇は、煙たい義仲に替えて、内治安定を鎌倉に残る頼朝に期待するようになる。法皇は、邪魔者を追い払うかのように、西に逃げた平家討伐に向かうよう義仲に命じた。空気の変化を感じていた義仲も一時は京から出た方が得策と判断し、そそくさと命令に従った。京に入ってからわずか2か月後のことである。

この年の10月、後白河法皇は、頼朝の東国支配権を公式に認める宣旨を出した。頼朝が、平家に没収されていた貴族や寺社の旧領地を元に戻す措置を取っていたことが法皇を喜ばせていた。

法皇の期待が頼朝にシフトする中で、義仲は水島の戦い（1183年10月、現・岡山県倉敷市玉島）で平家に敗北する。海の戦いを得意とする平家に義仲の軍勢は歯が立たなかった。このころ頼朝は、自身の名代に二人の異母弟義経と範頼を京に上らせた。朝廷へ食料を届ける打ち合わせが表向きの理由だった。

これを伝え聞いた義仲は、水島での敗戦後直ちに京に戻った。義経・範頼らが京に入れば、義仲は排除される。戦いを覚悟した義仲は、後白河法皇から頼朝討伐の宣旨を出させ「官軍」になっておきたかった。

義仲の墓所（大津市義仲寺）　©Earthbound 1960

義仲の動きを事前に察知した法皇は、東山の法住寺（三十三間堂横）に入った。法皇に弓を引くことは逆賊になることである。しかし、やってくる鎌倉からの軍団（義経、範頼）が入京すれば、義仲は完全に排除される。

1183年11月19日、意を決した義仲は法住寺を攻めた。寺を焼き法皇を幽閉した。その法皇に、自身を征夷大将軍に任命させた。義仲には二つの選択肢があった。北陸道を引き返し、再び勢力を回復させてから頼朝と対峙する。この場合、義仲は北陸宮をかつげるので逆賊にはならずにすむ。

しかし、この計画を行家が後白河法皇に漏らしていた。法皇が法住寺に入ったのは行家の裏切りの結果だった。

義仲は義経・範頼軍を宇治川近くで迎え撃つというもう一つの選択肢をとるしかなくなった（宇治川の戦い、1184年1月）。法皇に弓を引いたことで義仲から離れていく武士団が多かった。宇治川の戦いは士気の高い鎌倉軍に圧倒された。義経軍2万5000、義仲軍400。この戦力差では勝ち目がなかった。

義仲が討ち死にしたのは近江国粟津である（1184年1月20日、粟津の戦い）。

第4節　義高の最期：狭山清水八幡宮　その4

義仲が以仁王の令旨を受けてから粟津で散るまでわずか4年。その間に彼は間違いをおかしたのだろうか。彼の人生は真面目一筋に見える。いささか自尊心が強く、権力に強欲な行家を庇い嫡男義高を人質に出した。頼朝との非戦を実現するためだった。その行家は己の出世のために義仲を裏切った。

京から逃れてきた北陸宮を保護し、彼を天皇に擁立すべきと訴え、後白河法皇の不興を買った。彼の生きざまには世渡りの狡さがない。なぜ芭蕉が義仲を愛したのか。筆者は義仲の人生をここまで書いて初めて芭蕉の心に触れたように感じた。

義仲を愛しむのは芭蕉だけではない。新井白石も芥川龍之介もそうだった。龍之介は東京府立第三中学校学友会誌に木曽義仲論を書いた（明治43年）。

「彼は猶、陰謀の挑発者にあらずして、陰謀の防御者なりき。しかも彼をして弓を法皇にひかしめたるは、実に、法皇の義仲に対してとり給える、攻撃的の態度に存したりき」

「彼の一生は失敗の一生也。彼の歴史は蹉跌の歴史也。彼の一代は薄幸の一代也。然れども彼の生涯は男らしき生涯也。彼の一生は短かければども彼の教訓は長かりき」

芭蕉が、これを読んだら膝を打って喜んだに違いない。

さて本章の肝心な部分は、義高のその後である。吾妻鏡によれば、「果報なからむには、一所に有りとも叶ふまじ。冥加あらば、所々にありともそれにもよるまじ」との心境で幼い義高を人質に出した。

冥加とは神の加護のことである。どこで生きようとも神の加護があれば大丈夫だ、自身に言い聞かせるような思いで義高を送り出したことがわかる。

頼朝は、義高を愛娘大姫の許嫁つまり婿にしていたと書いた。しかし義仲の死後およそ3か月が経った元暦《げんりゃく》元年（1184年）4月に頼朝が動いた。

「去る夜より殿中いささか物騒、これ志水冠者（注：義高）武衛（注：頼朝）の御婿たりといえども、亡父すでに勅勘を蒙りて戮せらるの間、その子としてその意趣もっとも度りがたきによって、誅せらるべきの由、内々思しめしたち、この趣を昵懇の壮

士等に仰せ含めらる」(吾妻鑑)

要するに、実の親を殺された子供がいかなる感情を持つか知る由もない。先のことを考えたら殺すしかないと頼朝は考えた。頼朝の計画に気づいた大姫が義高を木曽に逃がしたとされるが1178年生まれの少女にそんな機転が利くはずもない。政子が逃がしたのだろう。彼女の侍女が義高を殺す計画を聞きつけ政子に知らせたという話もある。

いずれにせよ義高は密かに用意された馬でお供の者と鎌倉街道を北に走った。しかし追手の藤内光澄によって入間河原で殺された。殺害成功の知らせを持って藤内が鎌倉に戻ったのは4月26日のことであった。父義仲が願った「冥加」はなかったのである。義高の非業の死も、芭蕉や龍之介の心を打ったに違いない。

義高の死を知らされた大姫は嘆き悲しみ床に伏した。許嫁の死というよりも「兄」を失った感覚ではなかったか。

義高の死を悲しんだ政子は、かなり大きな社(清水八幡宮)を建立し御霊を祀ったようだが、その社は15世紀初め、入間川の洪水で失われた。入間川にかかる本富士見橋の傍らに昭和34年に再建された清水八幡宮の小さな社がある。交通量の多い東京環状道路の脇である。義仲・義高父子の非業の死を偲ぶにはいささか静寂さに欠けるが、二人の無念に手を合わせたい。

筆者は、参拝の後、本富士見橋から夕陽を見た。太陽は義仲が打倒平家の旗を挙げた依田城址（上田市）の方向をオレンジ色に染めていた。

清水八幡宮（筆者撮影）
埼玉県狭山市入間川 3-35-10

本富士見橋から依田城址（上田市）方向に沈む夕日を望む

第5節　戦後教育で忘れられた武将：畠山重忠

頼朝は、父義朝の死後処刑されるはずだった。それを清盛の継母池禅尼の懇願で救われ伊豆の蛭ヶ小島に流刑となった。池禅尼は自身の亡くした息子の面影を頼朝に見ていた。伊豆に落ちた頼朝は見張り役だった北条義政の娘政子を妻にした。そして以仁王の令旨を受けて平家に弓を引いたのである。

自身の成功は清盛の情けに拠った。清盛の情けが平家の没落を生んだ。頼朝はそのことを人生そのものから学んでいた。「情けは禁物」。それが頼朝の人生訓となった。だからこそ、愛娘大姫と仲睦まじい義高の誅殺にも躊躇しなかった。

頼朝は、忠臣に対しても同じ態度をとった。忠臣も疑われたら消された。異母弟の義経、範頼に対しても同じであった。義経、範頼の末路は読者もよく知るところであろう。

畠山重忠の父重能については第4章で少し書いた。幼い駒王丸（義仲）を殺すに忍びなかった重能は斎藤実盛を通じて木曽に逃がした。

このころの関東は源義朝の天下だった。関東の武士は彼の傘下となったが、その義朝も平治の乱で敗れると代わって平家（清盛）の天下となった。関東の武士団も平家になびいた。畠山氏もそうした一族だった。彼は桓武天皇から出た桓武平氏であり、平家に仕えることは自然であった。

三浦半島に勢力を張っていた三浦義澄・和田義盛は、頼朝が挙兵すると、直ちに頼朝に加勢すると決めた。しかし、酒匂川の増水で渡河できず湯河原で待つ頼朝の軍に合流できなかった。頼朝が石橋山の戦いであっさり敗北した大きな原因だった。

頼朝敗北を聞いた三浦軍は本拠地三浦半島に戻ると決めた。そこで、頼朝軍征伐に向かっていた畠山重忠の軍に遭遇する。父重能は京に赴任しており留守だった。重忠の母は三浦家の出（三浦義明の娘）である。本来であれば両軍が戦うことはなかったはずだったが、行き違いから重忠の軍が不意を襲われ50余人が戦死した（１１８０年8月24日：小坪の戦い）。

その報復に重忠は、秩父平氏河越重頼・江戸重長らの協力を得て、三浦氏の本拠地衣笠城（横須賀市衣笠町）を襲った（8月26日）。老齢の三浦義明は城に残り討ち死にしたが、三浦一族の猛者は安房に逃げた。

彼らは同じころ安房に逃げていた頼朝と偶然に遭遇する。三浦義澄はこの偶然に歓喜した。

「吾れ父を棄てて去りしは公を見んと欲するのみ」（日本外史）（＊1）

三浦義明の死を知らされた頼朝は号泣した。しかし義澄との合流は天の采配だった。頼朝は、彼とともに千葉常胤・上総広常ら関東の武士団をまとめ上げていく。

畠山重忠は河越重頼・江戸重長らと隅田川の西岸（長井の渡し）で頼朝軍と対峙した。しかし結局は、彼らも頼朝に従うことを決めた。こうして安房、下総、上総に武蔵の武士団も加えた頼朝は本格的な打倒平氏の大軍勢を作り上げると鎌倉に向かったのである。

このころの渡河は簡単ではなかった。それがスムースにできたのは、江戸重長が、隅田川などの江戸湾に注ぐ川の水運を支配していたからであった。彼の手配で、江戸湾周辺にあった船をかき集め舟橋を作った（義経記）。渡河の場所は現在の墨田区と台東区を結ぶ白鬚橋の架かるあたりであった。

三浦義澄は父義明を殺されていた。恨みを持つ義澄が重忠らの受け入れに反発しなかったのは、頼朝が、江戸の水運を支配する江戸重長らが如何に平家打倒に必要な人材であるか義澄に滔々と説いたからだと言われている。

この時代だけでなく後に続く室町・江戸時代も大きな川は物流の大動脈であり、同時に人や物の移動を妨げる障害でもあった。このことを忘れると過去の人々の心理が理解できない。歴史を理解し「楽しむ」ためには、当時の人々の感覚で考えることである。

頼朝にとって、重忠の扱いには注意がいった。重忠と斎藤実盛は昵懇《じっこん》である。その実盛が、平維盛を総大将として下向する平家の大軍を先導していると伝わってきていた。それだけに、重忠が、関東の裏口を守る武蔵国の武士団をまとめて参じてくれたことはありがたかった。しかし一抹の不安は消えなかった。

富士川で頼朝軍は平家軍と対峙したが羽音に驚いて潰走したことはすでに書いた。この戦いにも重忠は参戦していた。

義仲との宇治川での戦いでも重忠は目覚ましい活躍を見せ、義仲の忠臣長瀬重綱を討った。後白河院の下にはせ参じた際には、義経に続いて、「武蔵の国秩父の末流、畠山重能の一男次郎重忠、生年二十一」と堂々と名乗ってみせた。重忠は早くも、源氏方の有力武将として一目置かれる存在になっている。

その後も平家追討の戦いが続き、一の谷の戦い、屋島の戦いでも重忠は活躍した（重忠はそれ以後の戦いには参戦していないようだ)。

西に逃げる平家を壇ノ浦の戦いで壊滅させた以後の義経と頼朝の確執、そして義経の東北逃避行については読者もよく知るところである。義経は武蔵坊弁慶らを伴い、奥州藤原氏を頼った。

頼朝は、義経を庇護していた藤原泰衡を脅し、義経の住む衣川の館を攻めさせた。1189年4月30日、泰衡は義経を自害に追い込んだ。武蔵坊弁慶が身体をはって矢を受け止め仁王立ちで息絶えたのはこの時である(衣川の戦い)。

芭蕉も義経最期の悲劇に胸を痛めた。義経が散った衣川で「夏草や兵(つわもの)どもが夢の跡」(奥の細道)と詠った。

頼朝は非情だった。義経を屠ることで藤原家の安泰を目論んだ泰衡をすぐに討った(奥州征伐)。軍を三手にわけ、大手軍の先陣を重忠に命じた。このころには頼朝の重忠への不安は消えていた。重忠らが討ち取った泰衡の首実検を行ったのは9月6日のことであった。

1190年11月、頼朝は上洛を果たした。その際にも先陣を重忠にまかせた。頼朝の参内にも、石清水八幡宮参詣にも供奉させている。重忠への篤い信頼がわかる。重忠は北条時政の娘ちえを正妻に迎えてもいる。頼朝の後ろ盾となっている北条家との縁戚関係で重忠の立場は盤石となった。

しかし、1199年1月、頼朝が落馬によって急逝してしまう（53歳）。それが重忠の人生暗転の始まりだった。

後継将軍は18歳の頼家となった。しかし帝王教育ができていなかった。頼朝は、訴訟の裁断権を持っていた。「切れ」のある裁きが彼の権威の根源でもあった。源氏の棟梁としての血筋だけで権威を保っていたわけではない。頼家にそれが期待できなかった。

母政子・祖父時政は、頼家には訴訟の沙汰は任せられないと考えた。有力御家人13人による合議制に替えた。

頼朝は鎌倉に政権を作った。京の朝廷公家勢力と距離をおいた武家政権である。それでも、京との交渉事は続く。戦乱の時代では武闘派が重宝されるが、安定期には文官が必要となる。

合議のメンバーには文書作成能力に長けた大江広元、三善康信、藤原（中原）親能、二階堂行政ら4人の文官が登用された。これに北条時政・義時の北条家2人、親北条派の安達盛長、三浦義澄、和田義盛、足立遠元、八田知家の5人、反北条派の比企能員、梶原景時の2人の構成だった。

平家打倒に貢献した武闘派からは、千葉常胤も畠山重忠も選ばれていない。後の徳川幕府草創期にも、武官から文官への権力シフトがあったが、鎌倉幕府でも同じことが起きていた。武闘派の排除。これが頼朝の不慮の死が生んだ、重忠の不幸の始まりだった。

重忠にはもう一つの不幸が重なった。自分の知らない京の地で、重忠の息子重保と平賀朝雅が宴の場で激しく言い争ったのである。朝雅は、北条時政の後妻牧の方の娘婿である。恨みをもった朝雅は重忠・重保親子を罵った。彼の悪口雑言が牧の方を通じて時政の耳に入った。

重忠のさらなる不幸は時政が牧の方にぞっこんだったことである。時政は、畠山親子の排除を決める。政子も義時もそれに反対だった。しかし時政は聞かなかった。

1205年6月、鎌倉で何か事件が起きているとの報が重忠に届いた。「いざ鎌倉」が本分である。19日、わずかな手勢で鎌倉に急いだ。

しかし、それは重忠をおびき出す罠であった。二俣川（現横浜市旭区）まで来ると、

菅谷館跡の畠山重忠像
（筆者撮影）

義時率いる大軍が彼らを待ち受けていた。重忠はその光景が信じられなかった。わずか１３５騎の手勢ではなす術がなかった。重忠は姦計の前に42年の生涯を終えた。

重忠の人生も義仲のそれに重なる。「彼の一生は失敗の一生也。彼の歴史は蹉跌の歴史也。彼の一代は薄幸の一代也。然れども彼の生涯は男らしき生涯也。彼の一生は短かけれども彼の教訓は長かりき」と義仲を惜しんだ芥川の賛がそのままあてはまる。「いざ鎌倉へ」。その心意気を利用した悪質な謀略だった。義時は、後に重忠を討ったことを悔やんだ。一旦は没収した重忠の所領を夫人に安堵（返還）した。

重忠の暮らした館はいま菅谷館跡（埼玉県

畠山重忠像（畠山重忠公史跡公園）
©tak1701d

嵐山町）として復元されている。死への旅たちもこの館からだった。広い館跡の中央に、木々に囲まれた小丘がある。その木陰に重忠像がひっそりと立つ。彼の最期を知る者には寂しげである。

重忠は深谷市に生まれたとされる（埼玉県深谷市畠山）。ここには畠山重忠公史跡公園がある。ここにも館があった。この公園の重忠像は勇壮である。一の谷の戦いでは義経軍は急峻の谷を騎馬のまま駆け下り平家軍の背後をついた（鵯越《ひよどりごえ》の逆落とし）。従軍していた重忠は、愛馬三日月を肩に担いで駆け下った。銅像はそのシーンである。これは史実ではないが、悲し気に立ち尽くす菅谷館の重忠像とは違い気分を爽快にしてくれる。

＊1：頼山陽、邦文日本外史、郁文舎、1921年、211頁

第10章
室町の関東はカオス 謀略に沈んだ太田道灌

山吹の里歴史公園、龍穏寺（越生町）

第1節　関東のカオス：公方・管領の協調と反目

太田道灌の名を知るものは多い。江戸城を築城した人物であり、山手線日暮里駅前には彼の像がある。

太田道灌は埼玉県越生町の山中に残る山枝砦（山枝庵）で生まれたようである（1432年）。越生町には太田資清（道真）・道灌親子に関連する史跡が多く見どころ満載である。史跡めぐりの旅の前に、太田道灌とは何ものだったかを知らなくてはせっかくの旅も面白くない。

太田道灌像（日暮里駅前）
© Twilight2640

道灌を知り彼の築いた江戸城とその時代の地形を知ると埼玉の旅だけでなく、江戸（東京）見物も楽しみが増す。

道灌が江戸城を築いたのは1457年4月のことである。なぜ道灌はここに城を築く必要があった

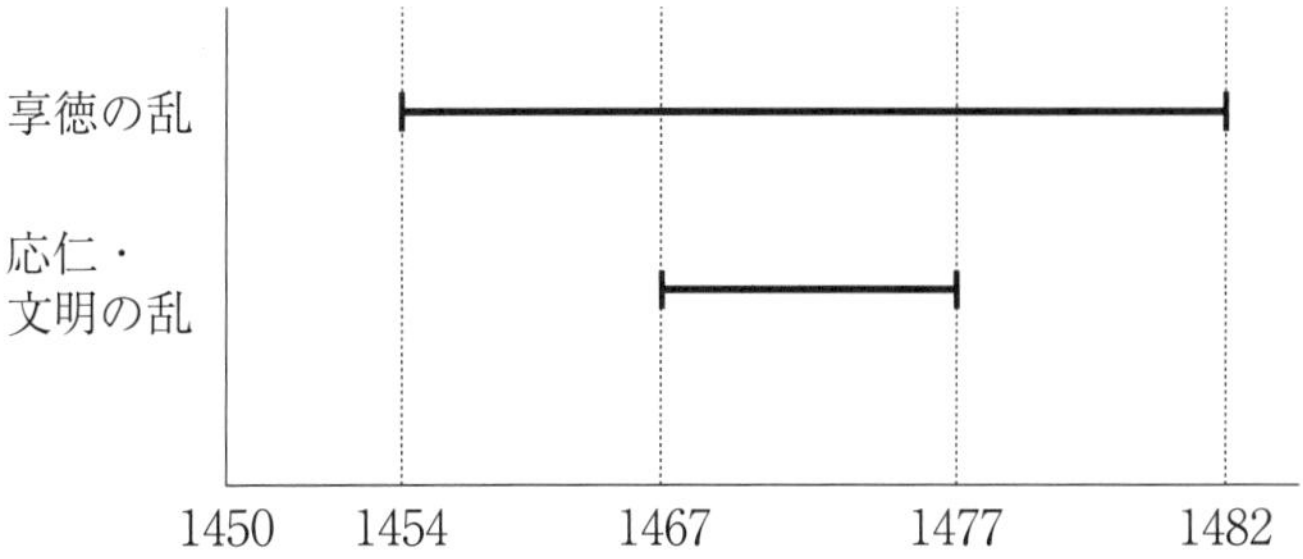

享徳の乱、応仁・文明の乱　期間対比（＊1）

のだろうか。

太田道灌が生きた15世紀半ばの関東はカオスだった。読者の多くが知っている京の町を荒廃させた応仁の乱は１４６７年から１４７７年までのおよそ10年間続いた動乱だった。実は、関東ではその動乱に似た「関東の応仁の乱」とも言える「享徳の乱」があった。１４５４年から82年まで続く長い動乱だった。

江戸城は、「関東の応仁の乱」の時代に築城された。頼朝の開府した鎌倉幕府は北条家の執権政治となった。１３３３年、その鎌倉幕府も滅亡した。後醍醐天皇の倒幕の綸旨を受けた新田義貞が鎌倉を攻めた。北条高時（第14代執権）ら北条一族は鎌倉東勝寺で自刃して果てた。

その後、暫く後醍醐天皇による親政となったが長くは続かず足利尊氏が室町幕府を開いた（１３３６年）。

尊氏は幕府を京に戻したが、関東の重要性を知っていた。彼は鎌倉に幕府の出張所的な役割を持たせた関東公方（鎌倉公方）を置いた。初代公方には嫡子義詮をあてた。あわせて公方の補佐機関として関東管領を設けた。

義詮が将軍に就任すると弟の基氏が公方職を得た。関東公方・関東管領のワンツー体制が安定するまでにはいささかの時間がかかった。

1340年に管領職に就いた上杉憲顕は、足利尊氏の従兄弟だった。尊氏が弟直義（ただよし）と反目すると憲顕は直義についた。直義は兄尊氏との抗争に敗れ1352年に死去（毒殺？）した。憲顕は、幕府の軍門に下ることを拒否し、東国各地でゲリラ的に反抗した。

その彼を、尊氏の死去（1358年）をきっかけに、基氏が再スカウトし、関東管領に据えた（1363年）。尊氏の後継となった将軍義詮と基氏は兄弟であり、どちらも父よりも叔父直義を慕っていた。憲顕の管領就任はスムースだった。

こうした経緯だったから、両職の関係は安定化した。関東管領職は上杉家の世襲となった。鎌倉山内に暮らしたことから山内上杉家と呼ばれた。山内は現在の鎌倉明月院の辺りである。2代目の足利氏満の代になると、関東公方の権威は北関東にまで及

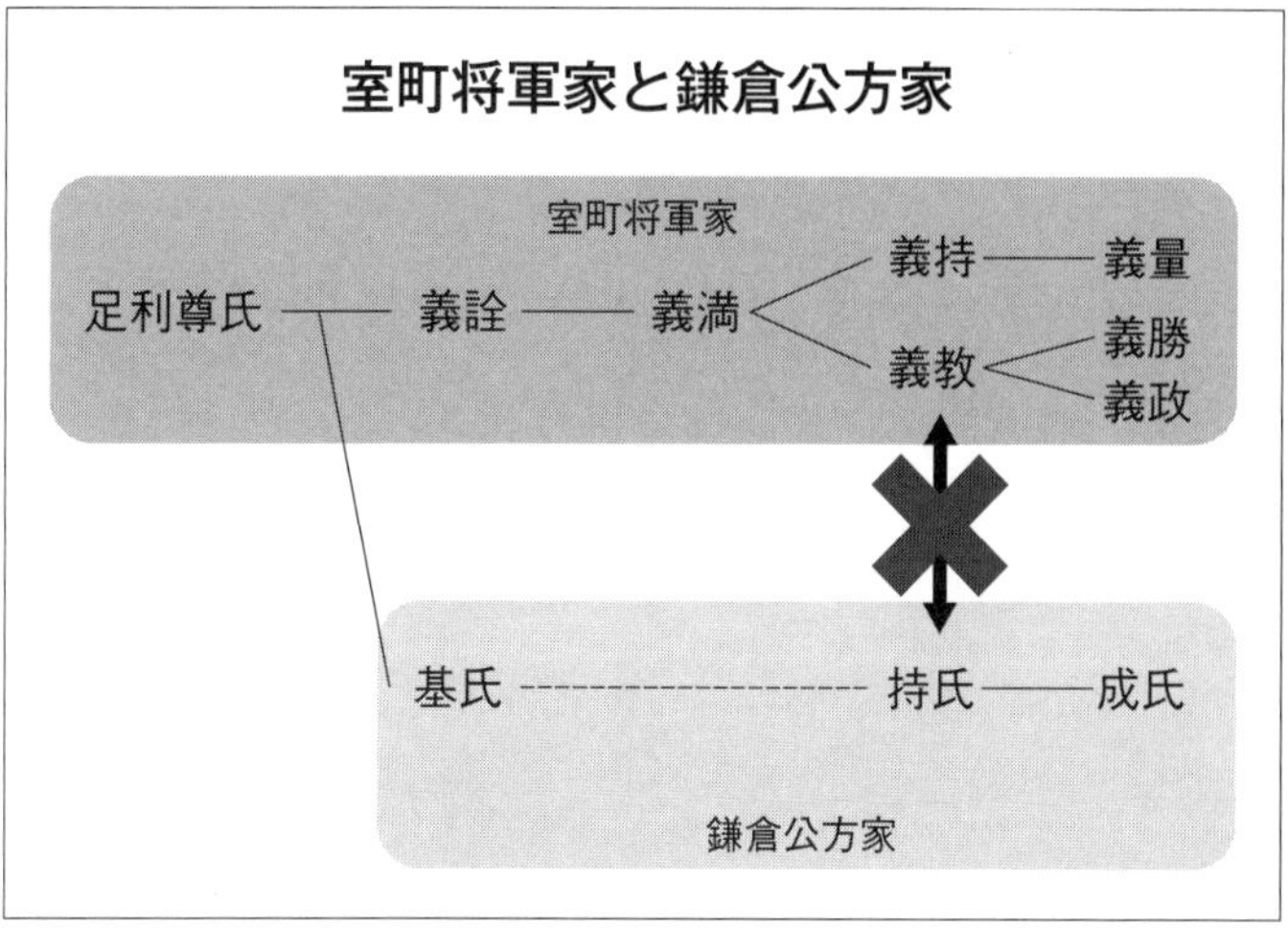

んだ。

京の幕府と関東公方の関係が大きく崩れたのはしばらく時代の下った１４３０年代である。将軍足利義教（よしのり）と公方足利持氏（もちうじ）が揉めたのである。

義教の将軍位就任は変則的だった。先に、木曽義仲が、北陸宮を安徳天皇後継に推し、後白河法皇と揉めたと書いた。結局は、卜占で四宮が選ばれ後鳥羽天皇となった。義教が将軍と決まったのも石清水八幡宮での「籤引きに拠った」からだった。どんな籤引きの作法だったかは不明だが少なくとも厳粛に「神のお告げ」を聞いたことになっている。

本来なら将軍義持が後継将軍義量早逝後

にすみやかに後継を指名すればよいのだが、自身に将来ふたたび男児が生まれると信じ、後継者人事を渋っていた。そのまま義持は老いていった。それが籤引きになった原因である。籤を引けるのは義持の兄弟だった。梶井義承、大覚寺義昭、相国寺永隆そして籤を引き当てた青蓮院義円（義教）の4人だった。4人全員出家していて有名寺院の高僧だった。将軍になるには還俗すればよかった。

関東公方持氏は義持の猶子（軽い養子関係）になっていた。本人も籤引きの権利があると思っていたようだが候補から漏れた。義教が後継将軍と決まったが、持氏は、はなから彼を馬鹿にした。祝賀使も遣らなかった。1429年のことである。

＊1：和気俊行、『亨徳の乱と応化・文明の乱』、法政史学、2004年、42頁

第2節　関東のカオス：公方・管領の血みどろの権力闘争

将軍義教への持氏の反発はいささか度が過ぎていた。京に攻めあがることまで考えたようだが、それを諫め、幕府との関係を何とか安定させていたのが関東管領上杉憲実だった。

しかし憲実もコントロールの利かない事件が1438年6月に起きた。持氏の嫡男賢王丸はこの年元服を迎えた。本来なら、将軍義教から一字をもらい烏帽子名（元服後の名）にするのが慣例だった。もとより将軍を小馬鹿にしている持氏は、こともあろうに将軍にだけに許されていた「義」を付けて義久という名を与えた。憲実は強くそれを諫め、元服の儀式に出席しなかった。

憲実は、持氏との関係の破綻を覚悟し、鎌倉から自領である上野平井城（現・群馬県藤岡市西平井）に逃げた。憤った持氏は憲実を討つと決め、武蔵府中にある高安寺に陣を張った。ここから平井城までは北に90㎞ほどである。

持氏の行動に将軍義教は憤った。持氏討伐の綸旨を後花園天皇から得ると2万を超える大軍で持氏を攻めさせた。さすがに持氏も抗することはできず、鎌倉に戻り頭を丸めて降伏した。憲実は、持氏の助命を願ったが義教は許さなかった。1439年初め、憲実の軍が持氏が蟄居していた鎌倉永安寺を襲った。持氏は寺塔に火を放ち、妻や嫡子義久らとともに自害した（永享の乱）。

こうして関東公方足利一族は滅亡した。しかしここからが歴史の面白いところである。恨みを抱えた次代の足利一族が登場するのである。嫡子義久は父とともに自害したが、彼には弟たちがいた。安王丸と春王丸は下野に、永寿王丸は信濃に逃げていた。彼らが次代のカオスの種になった。

上杉憲実は、持氏への謀反の心はもとよりなかった。管領として諫めただけであった。しかし、自身のコントロールを超えたドミノ倒しが始まった。その上、「主殺し」の汚名を着せられることになった。嫌気がさした憲実は、所領だった伊豆奈古谷にある国清寺（現・伊豆の国市奈古谷）に隠棲した。こうして鎌倉に公方も管領も消える異常事態となった。

将軍義教は、自身の子を関東管領にと考えていた。ところが、持氏は死んだが関東には、室町幕府の統制を嫌う勢力が多かった。彼らが下野に逃げていた安王丸と春王丸を担いだ。持氏が死んで一年余りが経った1440年3月、2人の遺児は常陸中郡

安王丸、春王丸の墓（岐阜県垂井町）　提供：垂井町教育委員会 タルイピアセンター

荘（現・茨城県桜川市・筑西市の辺り）で挙兵した（＊1）。

西に軍を進めると彼らに加勢するものが増えていった。その中心人物が結城氏朝であった。安王丸と春王丸らを彼の居城である結城城（茨城県結城市）に迎えた。彼らは、この城を拠点に、足利家再興の戦いを進めた。

幕府は、憲実に代わって政務をとる上杉清方（憲実の弟）を司令官とした追討軍を出した。本来ならすぐに落とせるほどの兵力差だったが、関東各地で反幕府の動きがあり、結城城を落としたのは一年後の1441年4月のことだった（結城合戦）。

氏朝は敗死し、安王丸、春王丸は捕らわれの身となった。2人は京に移送の途次、美濃国垂井（岐阜県垂井町）まで来たところで殺された。

幕府・上杉方は結城合戦に勝利したものの、関東の安定にはほど遠かった。反上杉の空気は根強かった。そうした中で幕府は関東公方を復活させた（1447年）。公方に任命されたのはなんと持氏の第5子永寿王丸だった。永寿王丸は佐久（長野県佐久市）の大井氏が匿っていた。

こんなおかしな人事となったのは、結城合戦終結の2か月後（6月24日）、将軍義教が暗殺されたからである（嘉吉の変）。関東に強圧的だった義教の死で、関東勢力の意を汲まなければ収まらないと幕府は腹をくくったのである。

鎌倉に入った永寿王丸は公方足利成氏となり、関東管領には憲実の子憲忠がついた。漸く関東公方・関東管領のツートップ体制に戻った。しかし、成氏の父持氏は管領憲実に諫められ最期は自害した。成氏を支えるべき管領はその子憲忠である。そんな布陣では安定は難しい。

憲実は、成氏が持つだろう激しい恨みを予期し、息子憲忠には管領職に就かないよう諭した。しかし憲忠は父の忠告を聞かなかった。

成氏は強烈な個性の持ち主だった。彼は、関東公方は「関東の将軍」であり、室町将軍とは対等であると主張した。「京都鎌倉の御両殿は天子の為（の）御代官」（＊2）。つまり京都も鎌倉もどちらも天子（天皇）さまから、代官を任されているのであって、上下関係はないと考えたのである。

そんな成氏にとって父殺しの息子が管領では面白くない。そのうえ関東各地に、父持氏を担ぎ、京の幕府の統制を嫌う武将が多い。成氏は、親公方勢力を側近に登用した。当然に管領側は警戒した。このままでは存亡の危機に陥ると考えたのが、上杉家（憲忠）の家宰（家臣団の長）長尾景仲だった。

１４５０年4月21日、景仲らは鎌倉の成氏の御所を襲った。先手を打ったのである。しかし、計画を事前に察知した成氏は、この前夜、江ノ島に逃げていた。彼らが江ノ島のどこに潜んでいたのかはわかっていないが江島神社だったようだ。反成氏勢は江島を攻めたが、成氏を推す千葉胤将、小田持家ら４００騎が防戦した（＊3）。

これが江島合戦である。この諍いは幕府がとりなし和解させたが公方・管領の関係は冷え切ったままで、遂に、成氏は憲忠を暗殺する（１４５４年）。これに憤った幕府は、憲忠の弟房顕を総大将にして成氏の討伐を命じた。房顕は、長尾景仲らに請われて関東管領に就いた（1455年）。歴史上、1454年から始まる関東の騒乱を享徳の乱と呼ぶ（237頁図）。「関東の応仁の乱」が始まった。

1455年、公方成氏は鎌倉から古河（現・茨城県古河市）に拠点を移した。古河は、現在の茨城県の最西端であり、関東平野の中央部にあたる。古来から河川水運の要所である。成氏支援勢力の強い地域だった。

現在の古河

公方の消えた鎌倉に将軍義政は異母兄政知を新公方に任命し下向させた（1457年）。しかし、ただでさえごたごたの続く関東の地に、新しい公方がやってくることは、管領勢力にとっては面倒でしかなかった。

彼らは政知の鎌倉入りを拒んだ。政知は箱根を越えられず、伊豆堀越（現・伊豆の国市）に留まらざるを得なかった。こうして二人の公方が生まれた。成氏の古河公方と政知の堀越公方である。関東のカオスは深まった。

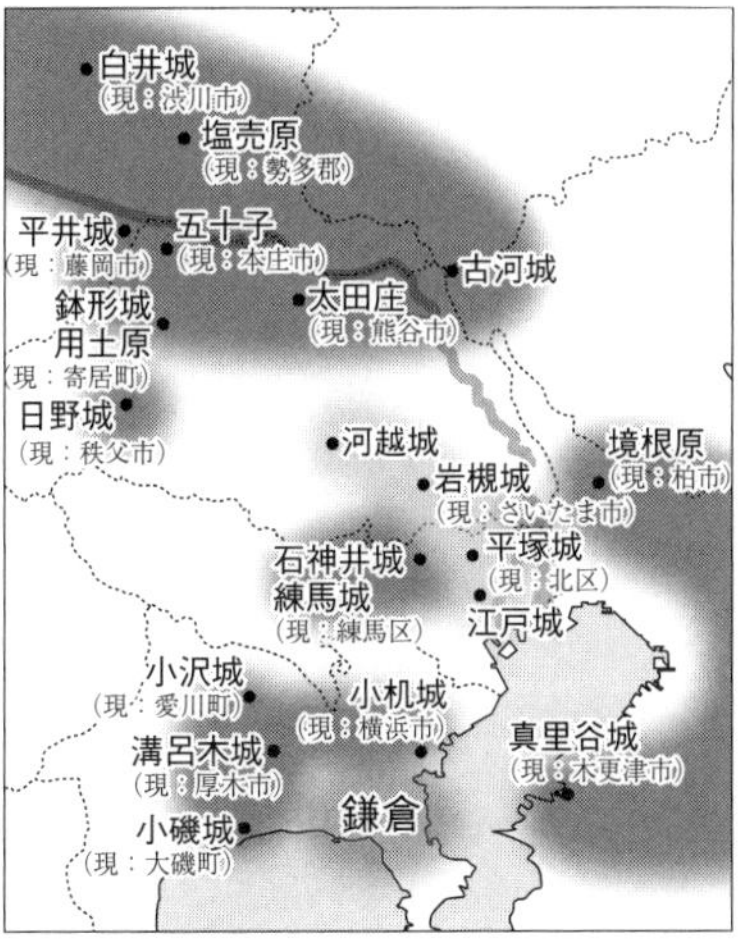

主要な城の配置図
出典：峰岸純夫、齋藤慎一『関東の名城を歩く　南関東編：埼玉・千葉・東京・神奈川』吉川弘文館

上に現在の古河の地図を示した。館のすぐ西を渡良瀬川が流れ、渡良瀬川はすぐ下流で利根川に合流する。古河の河川水運上の立地の良さがわかる。古河公方の中心勢力は利根川水系の東にあった。

利根川水系の西では、古河公方勢力の侵攻に備えていくつかの城が築かれた。岩槻城（岩付城）、川越城（河越城）、江戸城である。上の図でこの時期の主要な城を示した。道灌が築城に関わった川越、岩槻、江戸の三城が鎌倉を東からの侵攻に備える配置になっているのがよくわかる。

＊1：2人は日光山に潜伏していたという説もあるが近年の研究で否定されている。
＊2：和気前掲書、43頁
＊3：小和田泰経、「戦国時代の幕を開けた『江ノ島合戦』」、歴史人、2022年4月25日（www.rekishijin.com/19300）

第3節　文武の武将太田道灌の活躍：江戸城築城

2節までの記述で、15世紀半ばまでの関東のカオスのいきさつを書いた。事件の連鎖や人間関係が複雑で、読者には苦痛だったかもしれないが、これだけの知識があればもう「関東の戦国通」である。そうなると関東周辺はどこを訪ねても楽しい。いたる所で歴史の一場面に接することができる。

前節で、古河公方勢と関東管領勢が利根川水系の東西でにらみ合ったことを書いた。

太田道灌

もちろんにらみ合っていただけでなく現実に戦いが続いた。その攻防戦で活躍したのが本章の主人公太田道灌である。

上杉家には、本家筋にあたる山内上杉家と庶流の扇谷上杉家があった。太田家は扇谷上杉家の家宰を務める家系だった。越生の山中の砦で生まれた道灌は幼い時から能力の高い少年であったらしい。鎌倉建長寺で基礎教育を受けたのち、足利学校（現・足利市）に学んだ。足利学校は、管領憲実によって整備された高等教育機関である。

道灌は１４３２年生まれだから、成氏が古河に移った１４５５年はまだ20代前半の若者であった。

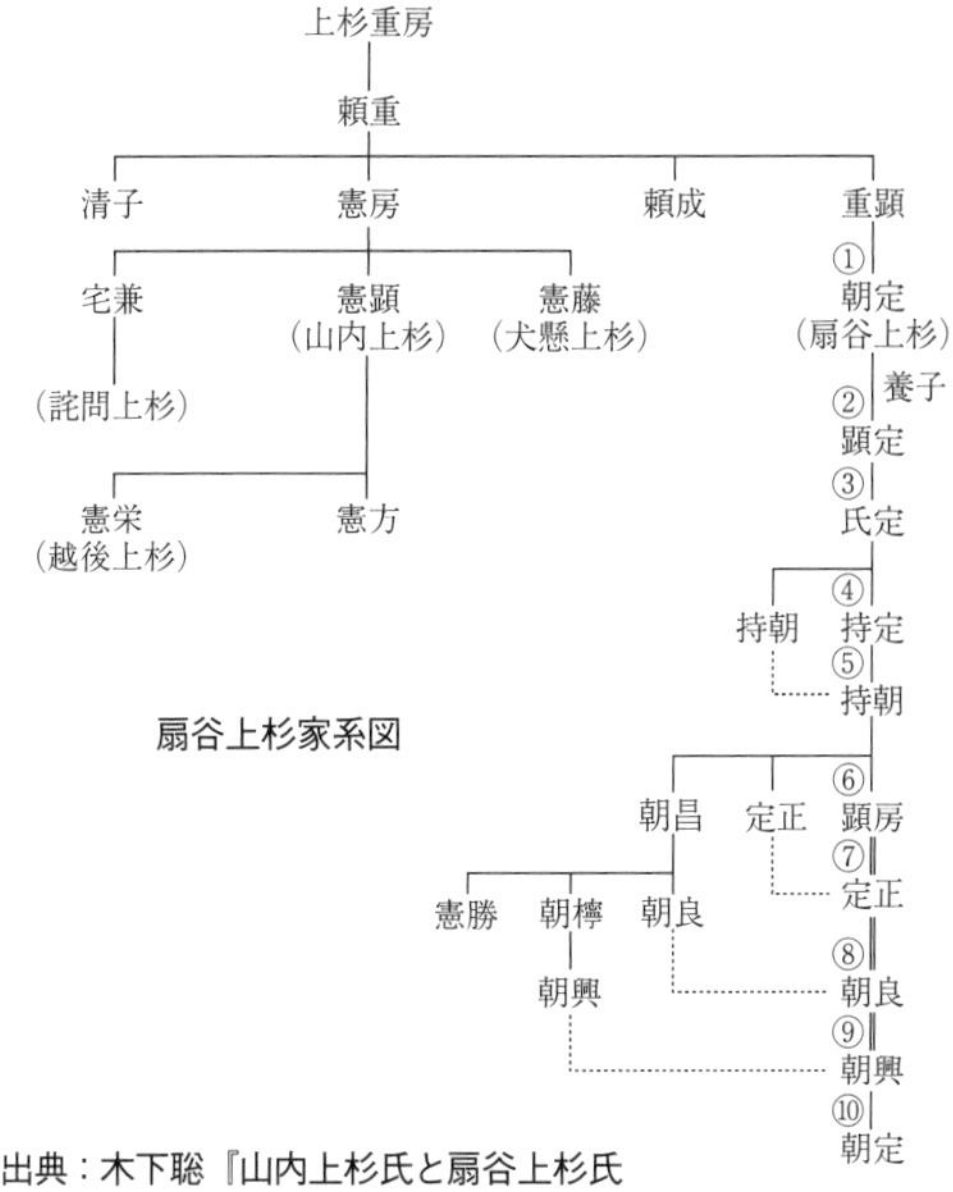

扇谷上杉家系図

出典：木下聡『山内上杉氏と扇谷上杉氏（対決の東国史 5）』吉川弘文館

彼は文武に秀でた優秀な人物だった。古河公方との戦いは断続的に続いていた。その中で、彼が指揮した30を超える戦いに一度も敗れていない。そのことはさておき、彼が特異な能力を発揮したのは江戸城の築城であった。

２４７頁の地図でよくわかるように、江戸城は鎌倉防衛には極めて重要な位置にある。

この頃の江戸城周辺は海岸であった。

かつての江戸湾は、日比谷辺りまで入り込んでいた。現在の皇居の東を流れる平川が日比谷入り江に流れ込んでいた（上図参照）。この入り江は水運の拠点でもあり、また鎌倉とは海のハイウェイで連結する。道灌は、日比谷入り江を見下ろす高台に江戸城を構築した。城は１４５７年に完成した。

江戸湊概略図
出典:日建協 HP　http://nikkenkyo.jp/before/4joho/757tokyo&saka/757tokyo&saka.htm

筆者は、伊豆下田の出身であるが、道灌は江戸城普請に伊豆下田の海岸（細間の段）から石材を切り出していることが「自慢」である。故郷の石（伊豆石）が、日比谷入り江まで運ばれ江戸城のどこかに使われたかと思うと、江戸と故郷が密接につながる。

当時の江戸城は、徳川家康の関東入府（１５９０年）前の小ぶりの江戸城である。どんな姿だったのかはよくわかっていないが、道灌が招いた文人たちが残した文章を通じてある程度のイメージは可能である。

道灌は、築城後およそ30年間江戸城を拠点にした。彼は、京や鎌倉から高僧を招き長期に滞在させることがあった。彼らが、江戸城から眺める景色を漢詩や漢文に残している。道灌は、日比谷入り江や平川河口をよく望める高台に望楼を建てた。「静勝軒」と命名されたこの建物は、現在の皇居東御苑南東端にある富士見櫓の辺りにあったらしい。

城の東畔に河あり。その流れ曲折して南の方海に入る。商旅大小の風帆、漁猟来去の夜篝は、竹樹烟雲の際に隠見出没し、高橋の下に到って、纜（ともづな）を繋ぎ櫂を閣き、鱗集蟻合して日々市をなせり。

この記述は当時の江戸湊の繁栄ぶりを活写している。静勝軒から見る日比谷の渚の景色を髣髴《ほうふつ》させる。ちなみに日比谷の「ひび」は、海苔養殖のために浅い海に立てる竹や木の枝（海苔ひび）のことである。日比谷が浅海だったころには海苔の養殖が盛んだったのであろう。

「城の南方では、品川湊と江戸の間には人家が続き、『東武の一都会』をなしており北方には浅草観音堂の『巨大宝坊』が数十里の海に映えそびえていた」（＊1）のである。

首都高速の霞が関料金所のある交差点に潮見坂があるが、おそらくこの坂を下りきった辺りで日比谷の渚に寄せる穏やかな波を見ることができた。

皇居周辺を回れば今でも道灌になじむ地名が多い。道灌濠はいうまでもなく、天神濠は道灌の愛した菅原道真からの、桔梗門は太田家の家紋「丸に細桔梗」からの命名である。

太田家家紋「丸に細桔梗」
© ガメポソ

道灌の父資清（すけきよ、道真）も優れた歌人だった。その影響もあり道灌も江戸に当代一流の歌人、例えば飛鳥井雅親、万里集九らを招き歌会を催した。関東全体で見れば戦乱の世だったが、江戸城というミクロの空間では、文化的サロンが形成されていた。その中心に太田道灌はいた。

道灌の学問好きのエピソードは多い。

鷹狩に出た際、雨に降られ、農家の軒で娘に雨具を借りようとしたことがあった。娘は無言で山吹の花一枝を渡すばかりだった。いささか不機嫌になり、帰って家臣にこの話をした。すると、兼明親王（醍醐帝皇子）の、「七重八重　花はさけども　山吹の　実の一つだに　なきぞ悲しき」の歌の存在を知らされた。

つまり、花は咲くが実をつけない山吹の花一枝で、蓑のない（実のない）ほどの窮状であることを伝えたのではなかったか、と家臣に謎解きされたのである。これ以降、道灌はまだ学問に未熟であることを悟り一層学びに励んだ。これは史実ではなく後代に人生訓として創作されたものかもしれない。

いずれにせよ、この話は戦前には人口に膾炙していた。このエピソードの現場はよくわかっていないこともあり、東京には「山吹の里」などの史跡が複数残る。

例えば、豊島区の山吹の里公園である。西新宿の新宿中央公園の太田道灌像（久遠の像）あるいは神田川に架かる面影橋（豊島区高田）のたもとにある山吹の里の碑もこの逸話に由来する。

道灌の故郷越生も負けてはいない。ここで鷹狩があったわけではないが、山吹の里歴史公園があり、３０００株の山吹が植生されている。４月から5月にかけて山吹のライトイエローの花が美しい。

満開の花に囲まれて、「七重八重　花はさけども　山吹の　実の一つだに　なきぞ悲しき」と旅の連れ合いにでも呟けば道灌の目指した風流人への仲間入りである。

＊1：谷弘、日本海事史学会 平成29年5月13日例会
谷弘「古地図から読み解く江戸湊の発展（その1）」(kaijishi.jp)

越生町「山吹の里歴史公園」

第4節　太田道灌無念の死：上司の妬みと警戒

長尾景仲が山内上杉家の家宰であり江島合戦の首謀者であったことを書いた。太田家は扇谷上杉家の家宰だった。両家の家宰を務める長尾家と太田家も縁戚関係にあった。道灌の父資清の正室は景仲の娘だった。従って長尾景仲は道灌の母方の祖父なのである。

1466年、管領房顕が亡くなり、顕定が後継となる。この時期、山内上杉家は、武蔵国児玉郡五十子《いかっこ》（現・本庄市）に陣を張っていた（247頁地図参照）。現在はその陣跡はない。顕定は越後守護上杉房定の子であった（越後上杉家）。

1471年、古河公方が五十子の陣を攻め、道灌の主（あるじ）だった上杉政真が討ち死にした。後継は彼の叔父定正となった。古河公方の攻勢が緩まない中で、1476年、山内上杉家を補佐すべき長尾家で内紛が起きる。

家宰職を弟が継いだことが許せない長尾景春が、古河公方に寝返ったのである。鉢形城（埼玉県寄居町）を拠点とし、五十子の陣を襲った。身内の反乱には弱かった。上杉顕定（山内上杉家）も上杉定正（扇谷上杉家）も大敗した。これをみて、石神井城（現練馬区）にいた豊島泰経が古河方について挙兵した。
石神井城は地勢的に、川越城と江戸城を分断する。両上杉の危機となったが、ここで活躍したのが太田道灌だった。

１４７７年４月、道灌は江古田・沼袋の戦い（現・中野区松が丘）で豊島勢を破り石神井城を落とした。５月には用土原・針谷の戦い（現・深谷市）で長尾軍を破り、翌78年には相模にあった長尾の拠点を一掃した。１４８０年には、長尾景春最後の拠点日野城（秩父市荒川日野）を落とした。こうして４年に及ぶ長尾景春の乱は終わった。

長尾景春が寝返った鉢形城址に立つ句碑。田山花袋の五言絶句、書は武者小路実篤（筆者撮影）

１４８２年には成氏は室町幕府との交渉などを通じて、上杉勢との和睦を決めた（都鄙の和睦）。和睦はなったものの成氏は鎌倉には帰れず、古河公方のまま死去した（１４９７年）。堀越公方は、結局伊豆一国だけの支配が決定し、鎌倉は山内上杉家（管領上杉顕定）の支配となった。こうして「関東の応仁の乱」は終わった。

ここまでの記述で太田道灌の活躍は十分に理解できたはずである。しかし、同様に、長尾景春の乱で上杉家本流の山内上杉家が弱体化した理由もあきらかである。

物理的戦いが終わっても権力を求める謀略戦は止まなかった。道灌の活躍で力をつけた扇谷上杉家に山内上杉家がそれをしかけた。扇谷上杉定正は、家宰の道灌の実力と世間の評判に嫉妬した。そこに山内上杉家はつけこんだ。道灌謀叛の疑いを囁いた。

１４８６年、それを信じた上杉定正は、道灌を糟屋館（現・伊勢原市）に招き、風呂に入っている道灌を刺客に襲わせ殺したのである。道灌享年55であった。

「道灌は景春の乱で活躍しすぎた」（木下聡東洋大学准教授）のである。

道灌亡き後、両上杉家は暫く抗争を続けたが、次第にその争いも収まっていった。しかし、駿河から東進を進めた北条早雲やその後継の氏綱・氏康に関東の地を奪われることになる。

文武の英雄道灌は後世の人々に惜しまれ、武士のあるべき鑑とされた。

出身地越生にある龍穏寺は太田家の菩提寺である。そこに彼は、父資清と並んで眠る。この寺は、「籤引き」で将軍となった義教が、扇谷上杉持朝に命じて尊氏以来の上

龍穏寺

龍穏寺の道真・道灌親子墓所
(筆者撮影)

杉家の先祖と鎌倉後期の戦乱で消えた人々の御霊を祀る寺として創建させたものである。宗派は、義教の帰依した曹洞宗である。

禅宗宗派の寺らしい山門をくぐると、本堂に向かう苔むした石畳が敷かれている。そこを進むと、左手に角ばった大きな石材が三つ積まれている。道灌時代の外堀の石である。首都高速道路（首都高）工事の際に神田橋の橋台に使われていたものが外されたものである。先に書いたように、石材の一部は筆者の故郷伊豆下田の海岸から切り出した。これも伊豆石ではないかと思える。

本堂に向かって左手の丘の斜面に道真・道灌親子の墓所がある（＊1）。

急がずば　ぬれざらましを　旅人の　あとよりはるる　野路の村雨

これは道灌の詩である。確かに彼は、乱世を駆け抜けるように生きた。そして村雨の如く襲った雨に濡れた（謀殺された）。切れ者は嫉妬され運が悪いと殺される。

＊1：道灌が謀殺された伊勢原市洞昌院にも首塚がある。

第5節　越生の滝行：黒山三滝

道灌の墓所は南を向き御嶽山（３４３ｍ）を望んでいる。御嶽山の南麓には黒山三滝がある。真言宗あるいは天台宗といった密教系仏教の基本は山岳での修行である。この山にも多くの修行者が、身体を極限まで痛めつける行に励んでいた。

過酷な行で、修行者の生存本能はマックスになる。そんな状況の中では、日常の悩み（雑念）は忽ち消える。クリアになった脳内にドーパミンが溢れる。

ドーパミンは、脳内報酬系神経伝達物質である。脳内報酬系は「環境の中から生存に必要なもの（食物や繁殖の相手など）を見つけ、それに向かって身体を動かすため」（＊1）のものである。

穢れ（雑念）を清め、肉体的苦痛を通じて脳内にドーパミンを出させる山岳修行は古より「人気」がある。龍穏寺から車で時計回りに5㎞ほど走ると、御嶽山の南麓に出る。駐車場に車を停めて、小川沿いに山道をゆっくり登れば黒山三滝である。

運が良ければ滝行のグループに遭遇することがある。滝行は、冷たい清水が高所から落下し、身体を「叩き続ける」。体温は急速に奪われる。単独行は危険である。

滝行は密教と結びついているだけに、それなりの作法がいる。白い行衣に身を包み、滝に一礼する。経や祝詞を唱える。そしていよいよ滝つぼに向かい落水に身体を打たせる。無言でいることはかなり難しいらしく積極的に声を出し続けるようだ。

気合いを入れることで肉体的苦痛に耐える。そうしているうちに次第に脳内にドーパミンが溢れる。妊婦や心臓疾患のあるものにはお勧めできない。経験者やリーダーの指導に従って時間が来たところで滝行は終わる。滝にもう一度礼をして急ぎ身体を温める。

筆者は幸いなことに女性の滝行グループに遭遇した。全員白装束で、滝つぼに続く小道を、前線に向かう兵士のような表情で登ってきた。慌てて道を譲って白装束の女たちの妖艶な後姿を見送った。

黒山三滝の滝行に向かう女性たち
(筆者撮影)

＊1：日本脳科学関連学会連合ホームページ第23回「脳の中の快楽センター」(www.brainscience-union.jp/trivia/trivia2760)

第6節　世界無名戦士之廟

前節では、役小角（634〜701年）の時代から続く山岳修行の一つである滝行について書いた。筆者が修行の女性の一群と遭遇した黒山三滝から、車で北東に20分ほど（9㎞）走ると、世界無名戦士之廟がある。越生駅からは西にわずか1㎞の距離にあり、駅舎から西を望めば肉眼でもはっきりと見える。

標高300ｍの大観山の頂に建つ白亜の建物は、両の翼を大きく広げて雛を守る白鳥のようである。翼に見える外壁には33のひだがデザインされ、白セメントの吹付仕上げになっている。

長谷部秀邦（地元の医師）が埼玉県議会議員に当選したのは戦後すぐの昭和22年（1947年）のことである。彼は県庁分庁舎の一室に県内出身者の遺骨が寂しげに保管されているのを見た（＊1）。

長谷部は、戦時中出征兵士を送り出す際には、常に無事な帰還を願って手を振った。しかし彼らの多くは帰らなかった。戦いの終末期には、ソビエトが日ソ中立条約に違背して満州に攻め込んだ。長谷部の幼い孫はその満州でなくなった。大人たちとともに集団自決で命を落としたのである。

放置された遺骨は彼の心を痛めた。彼は、じっとしていることができなかった。昭和24年10月、埼玉県出身戦没者遺骨安置施設建立を発願した。戦後の混乱期でありながら多くの人が彼の思いに賛同した。昭和26年、衆参両議院に建立が請願され採択された。それを受けて財団法人世界無名戦士之墓建設会が組織された。

長谷部は、自身の持ち山を売却して資金をつくり大観山を購入し、財団に寄付した。大観山の南東斜面からは関東平野が一望できる（265頁写真）。

建設費は寄付金で賄わねばならなかったが、戦後すぐの時代だけにみな貧しかった。それでも全国の小中学生から建設予算1100万円のおよそ半分の580万円が集まった。

長谷部の全国行脚で寄付金を募り不足分を埋めた。事業に賛同する芸能人関係者も多かった。古賀政男、淡谷のり子そして明治大学マンドリンクラブなどがチャリティーコンサートを催してくれた。建設費を節約するために、樹木伐採などの作業には地元有志が参加した。

昭和30年12月8日、おりしも真珠湾攻撃の日に白亜の慰霊廟は完成した。当初は埼玉出身者の遺骨を納めることを目的としたが、敵味方の隔てなく、戦いに散った戦士の御霊を祀る方針に「昇華」した。

彼我に関係なく、戦いで命を落としたものの御霊を祀るのは日本の伝統である。元寇では蒙古の兵士の暴虐はよく知られている。捕虜になった蒙古兵士は処刑された。処刑場跡には彼らを鎮魂する「蒙古塚」（福岡市志賀島）が建つ。

高野山には、朝鮮の役で戦死した敵味方双方の御霊を祀る「高麗陣敵味方供養戦死者塔」が建つ。日本は、亡くなったら敵も味方もなく供養する。

大観山の麓までは車で行けるが、駐車場からは109段の階段を登らなくてはならない。登り切れば、母鳥が翼を広げて抱いてくれるような白亜の慰霊廟が迎えてくれる。御霊に手を合わせて2階のテラスに上れば、南東に大きく広がる関東平野が望める。スカイツリーもはっきりと視認できる。

＊1：世界無名戦士之廟建立の経緯については松村興延氏のエッセーに拠った
http://www.kaikosha.or.jp/_src/105618/201808_wagamachi.pdf

慰霊廟は109段の階段を上った先にある

世界無名戦士之廟の2階展望ステージから望む関東平野
（筆者撮影）

豪快な道教寺院：聖天宮

筆者の旅は車が中心である。理由は単純である。車でなければ行けないところがほとんどだからである。

時折、思いもかけない形の建物が車窓に飛び込んでくることがよくある。デザインが「異様」で「威容」なのである。そのほとんどが新興宗教組織の本部であった。施設が開放されていれば、車を停めて周囲を散策するが、建物が新しいせいか、真言宗や天台宗の寺のように自然との一体感はない。ただただ巨大な建物に圧倒され、その異様（威容）なデザインが醸し出す空間の中で思考が混乱する。

埼玉県坂戸市の聖天宮もそんな建物である。ただし新興宗教の建物ではなく、道教の寺院である。台湾では個人が資産を出して道教寺院を作ることはよくある。この聖天宮は康國典という台湾人が作った。大病から回復できた深謝をこめて建てたらしい。日本を建設地にしたのは神のお告げによる。建築資材は全て台湾から運び、１９８１年に着工し１９９５年に完成した。

道教寺院聖天宮（埼玉県坂戸市）
（筆者撮影）

道教は儒教や仏教と張り合ってきた歴史がある。しかし、日本には根付かなかった。現世利益中心で、教主も経典もない教えに日本人は帰依しようとしなかった。老荘思想が基本で老子を教祖にしてはいるが、それは仏教の釈迦そして儒教の孔子に対抗するために看板として担ぎだしたに過ぎない。

現世利益の追求だけに参拝者にご利益が感じられるような建物の作りになる。仏教寺院の山門にあたる天門をくぐると前庭である。奥の本殿に向かうにはもう一つある前殿をくぐらなくてはならない。天門も前殿も、その屋根には名古屋城の金の鯱ならぬ一対の龍が鎮座している。屋根は天に向かって三日月に弧を描き、びっしりと敷かれた瓦は黄金色である。

前殿をくぐってようやく本殿と相対できる中庭に入る。

本殿には三清道祖と呼ばれる道教の最高神が祀

られている。中央に元始天尊、向かって右が道徳天尊、左に霊寶天尊である。天地創造の神である元始天尊は病気平癒・商売繁盛に、万物を道徳に導く神の道徳天尊は夫婦円満・良縁成就に、万物の魂を司る霊寶天尊は精神安寧・怨霊除去にご利益がある（らしい）。ご利益のある神様だけに最高神と言っても人間臭い。

筆者は、寺社にて手を合わせ頭を垂れるが、願をかけない。しかし、道教寺院はお願いのデパートである。現世利益追求の香りがぷんぷんとする。埼玉にいながらもここは完全な異世界である。

この建物には驚くことに5000の龍が「住む」。屋根の上には勿論、壁や柱にも龍がいる。これだけの龍に囲まれると龍とは何ぞやと考えざるを得ない。

「紀元前2世紀末の『淮南子』という書物には、飛龍・応龍・蛟龍・先龍がおり、これらからそれぞれ鳥類・獣類・魚類・甲殻類が生まれたとあります。つまり龍はあらゆる動物の祖であり、造物主たる神のような存在であったのです」

「そのためでしょうか、龍の姿は九似といって、角は鹿、頭は駱駝、目は鬼、項は蛇、腹は蜃、鱗は魚、爪は鷹、掌は虎、耳は牛に似ていると言われます。まさに人間の創造力のなせる技です」
「この異形をもって龍はあらゆる動物の頂点に君臨し、最高の瑞祥ともなったのです」（＊１）

最高の瑞祥である龍までも自身の衣服の中に抱え込む（閉じ込める）パワー（権力）を持つのが、中国皇帝である。衣服に閉じ込めた龍。それが最高権力者の象徴になった。

聖天宮五爪の龍（筆者撮影）

龍が皇帝の服を飾り始めたのは唐の時代からである。龍をあしらった服を賜ることは臣下にとっては栄誉だった。勝手に龍の入った服を着るものも出てきた。１２９７年（大徳元年）には、衣服全体を覆う龍が禁止された。１３１５年（延祐２年）には五爪二角の龍は皇帝専用となった（＊２）。

皇帝以外のものが五爪龍の服を纏えば国家反逆罪となった。皇帝は寵臣に爪を１本減じた四爪の龍を与えた。15世紀半ばからのことである。

聖天宮には五爪龍が溢れていた。これに気づいた筆者は邸内のガイドに確認すると嬉しそうに頷いた。

筆者は、日本の寺の襖や天井に龍が描かれているのを見るたびにその爪を数える。五爪の龍はめったにいない。日本人は支那の人々より皇帝に遠慮してきたのである。五爪の龍もいないことはない。京都建仁寺法堂の天井に描かれた双龍図に描かれた龍は見事な5本の爪を持っていた。

まだ田畑の多い坂戸市ののんびりとした空間で、数多の五爪龍に囲まれる。贅沢な時を過ごしている錯覚に陥る。これが三清道祖のご利益かもしれない。

＊1、2：皇帝の龍、京都国立博物館ホームページ
皇帝の龍（こうていのりゅう）－博物館ディクショナリー－京都国立博物館（kyohaku.go.jp）

第11章 深谷の不思議と渋沢栄一

渋沢栄一記念館（深谷市）

第1節　深谷は関東平野の「湊」町

本章では埼玉県深谷市とここに生まれた日本近代化の偉人・渋沢栄一を扱う。深谷という町は煉瓦づくりの東京駅を思わせるＪＲ深谷駅の駅舎と深谷ねぎぐらいしか思いつかないという読者も多いだろう。しかし歴史好きには深谷もまた面白い発展を見せた町である。渋沢栄一という人物がこの町から輩出したこともそれに大いに関係してくる。

深谷の史跡は現存しているものも多いが消えてしまったものもある。失われたものも頭に描きながら深谷を歩くと消えた昔が立体的に浮かび上がる。

第４章で妻沼聖天山歓喜院を扱った。歓喜院から北に１㎞ほど歩くとそこはもう利根川河川敷である。川向こうは群馬県（太田市）である。東に流れる利根川を上流につまり西に向かって10㎞ほどの所に深谷市中瀬がある。

中瀬の河畔に小さな錆びついた鉄枠の案内板が立っている。そこには次のように書かれている。

「中瀬河岸は、江戸時代から明治初年にかけて、利根川筋の河岸場として大いに繁栄

18世紀後半の利根川沿岸村概要図（＊1）

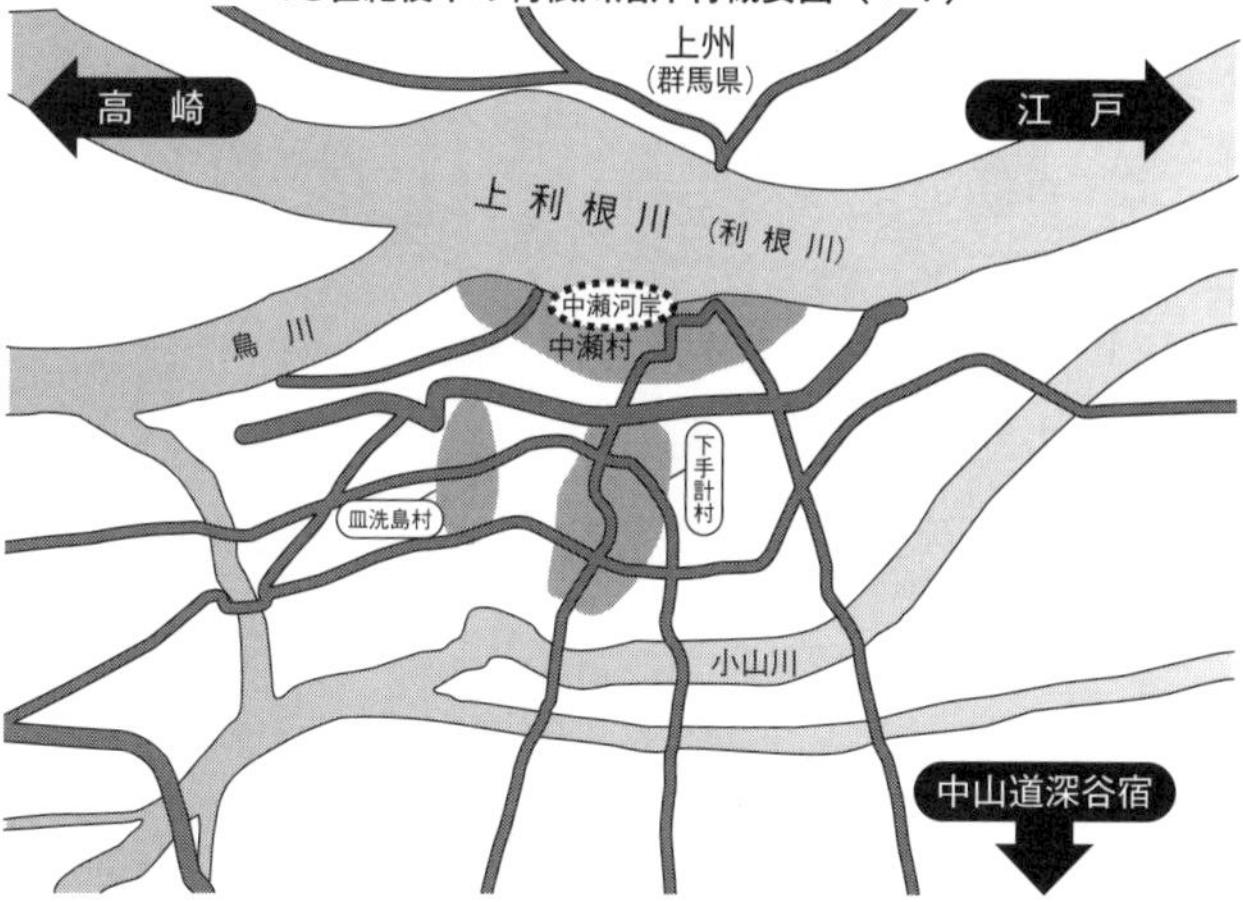

した」

「慶長12年（1607年）に江戸城修築の栗石を中瀬から運んだ記録あり、このころにはすでに中瀬からの水運が行われていたようである。その後、中瀬は周辺の物資の集積所となり、上流や下流からきた乗客や荷物を積み替えるように定められ、関所のような役割も果たしたという」

「最盛期には大小百隻近くの舟が出入りし、問屋・旅籠屋などが軒を連ねて賑わった。明治16年（1883年）の高崎線（現JR）の開通により次第に衰退し、明治43年の大洪水とその後の河川改修で河岸場の姿は失われた」

この看板を立てたのは深谷上杉顕彰会で

ある。この町にも関東管領上杉家を祀る組織がある理由は、ここまで読み進んだ読者に説明するまでもない。

中瀬の少し上流で北西から下ってくる広瀬川が利根川に合流する。中瀬から40㎞ほど東に下ると北から流れる渡良瀬川が合流する。いうまでもなく下流に行けば川幅も水深も増す。

当時の利根川は江戸湾に注いでいた。大洪水を頻繁に起こすこの川の本流を東に東に移していく土木工事があった（利根川東遷事業）。その結果利根川の本流は千葉県銚子で太平洋に出ることになった。江戸湾に今流れるのは流量の減った旧利根川（江戸川）なのである。

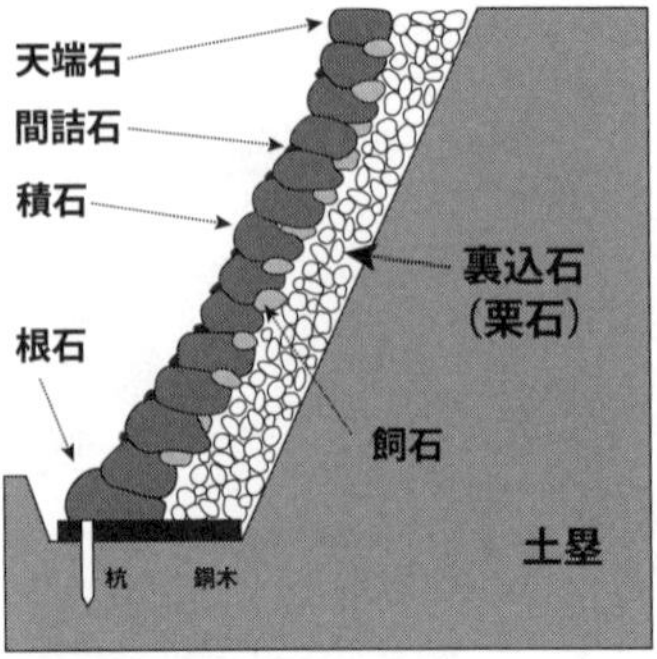

戦国時代の石垣構造

前章で、太田道灌の江戸城築城について書いた。そしてその石垣用材に伊豆石が使われたことも書いた。私たちが城を見るときには、まず石垣に目がいくが、その裏には膨大な量の小型の栗石（ぐりいし：裏込石）が積まれている。

石垣の大敵は、地震の揺れであるが真の大敵は水である。水が抜けなければ、立派に組まれた石垣も忽ち崩壊する。大型の積み石(石垣)の裏に、栗石で作った水が抜ける流路が必要になる。

江戸城築城にも大型の石材だけでなく小型の栗石が大量に必要だった。栗石は丈夫で水はけのよいものが上質である。それが利根川上流で採れた。かつて噴火した浅間山の火山岩である。ごつごつと黒色の岩肌で小さな気泡のあとが見える。多孔質で軽く扱いやすく水はけもよい。

昭和5年内務省の利根川改修工事概要に次のような記述がある。

「長禄元年(筆者注：1457年)太田道灌創めて江戸城を築くに當り、大里郡葛和田地先より、南方北足立郡草加町、新宿町を経て、東京湾に達する水路を浚疏し、以って漸く利根川の河身を定めたりが如し」(筆者注：大里郡葛和田は現在の熊谷市葛和田)

太田道灌の時代から利根川の河川水運が重要な役割を果たしていたことがわかる。

前述したように利根川の上流に遡上すればするほど川底が浅くなる。そのため下流から遡上する大型船は途中で小型の船に荷を移し替えた。逆に下る場合は大型船に積み替えた。

江戸期に利根川水系で年貢米を江戸に送っていた越後や上州の藩は50を超えていた。

そうした藩は年貢米を陸路で倉賀野（高崎市倉賀野町）に入れた。そこから３００俵を小型船で積み、中瀬で５００俵積みの、更に下流では１０００俵積みの大型船に移した。

水運の発展に伴い、他の商品あるいは旅人を運ぶことも始まった。中瀬には藍玉、木炭なども運び込まれ消費地江戸に運ばれた。上流に戻ってくる舟は、塩、醤油、魚肥（イワシ）などを積んできた。これらも中瀬で積み替えられるため、今では想像できないほどに賑わった。当時の利根川や上流の支流例えば烏川などは水量が豊かで河川水運に適していた。

江戸期の中瀬の賑わいはここを拠点にしていた舟の数でわかる。高瀬舟18隻、二百石船12隻、百石舟６隻であった（＊１）。

深谷の中瀬河岸は、関東平野の湊町であった。

＊１：松本博之、「時代の変革者渋沢栄一の半生　第1回深谷編」、ぶぎん地域経済研究所、ぶぎんレポートNo.246、２０２０年８・９月号、13頁

第2節　利根川が生んだ肥沃な農地「血洗島」

深谷の生んだ偉人渋沢栄一は、1840年武蔵野国榛澤郡血洗島村（現・深谷市血洗島）に生まれた。栄一そして渋沢家を理解するには前節で書いた関東平野の湊町中瀬河岸と渋沢の生まれ育ったこの町の土地の豊穣を知らなくてはならない。

血洗島とは横溝正史の小説に出てきそうな奇怪な名前である。しかし、近くを暴れ川だった利根川が流れていることを知っていれば、気味悪さも消える。暴れた利根川がこのあたりの土地を頻繁に「洗った」のである。地肌が洗われる度に、河畔に濁った水が溢れ、小高い場所が小島のようになって見えたのであろう。「地」を「血」にただ置き換えたに過ぎなかった（＊1）。

筆者の子供のころにも近くの川が数年に一度は、台風の鉄砲水で辺り一面が湖のようになり、遊び場だった高台が小島のように見えた。

洪水は恐ろしい半面、土地を肥沃にする。血洗島村周辺の土は米作には不向きだったが良質だった。この村ではその土を利用して藍の生産が盛んだった。藍（タデ藍）はその葉から青色の染料がとれる。

葉を乾燥させ、発酵熟成させ堆肥状にする。発酵させると水に溶ける。ここまでの状態になったものを「すくも」と呼ぶ。消費地に届けるためにこれを丸く固めたものが藍玉である。

江戸期には植物性染料に大きな需要があった。酒田（山形県酒田市）の本間家が財をなしたのは絹織物の染料となった紅花だった。山形の最上川上流で採れる最上紅花は、最高級品として京都・大坂で人気だった。染料は儲かる商材だった。

染料が良ければ、木綿や絹の商品価値がグッと上がるだけに、藍玉の取引には鑑定眼が必要だった。目利きでなければ商売できない。

栄一の父市郎右衛門は、渋沢一族の支族に生まれたが、主家（中の家）に養子で迎えられた人物だった。藍玉の取引に必要な藍の生葉や藍玉の品質を見極める鑑定眼があった。市郎右衛門を入り婿に迎えた栄（ゑい）もよく出来た女性だった。渋沢栄一伝を残した幸田露伴は次のように書いている。

「家つきの女といふものは兎角に憍慢になりたがるもので、伊能忠敬に臺所で食事をさせたといふ其妻の譚さへ伝へられてゐるほどであるが、栄は少しも憍慢でなく、自

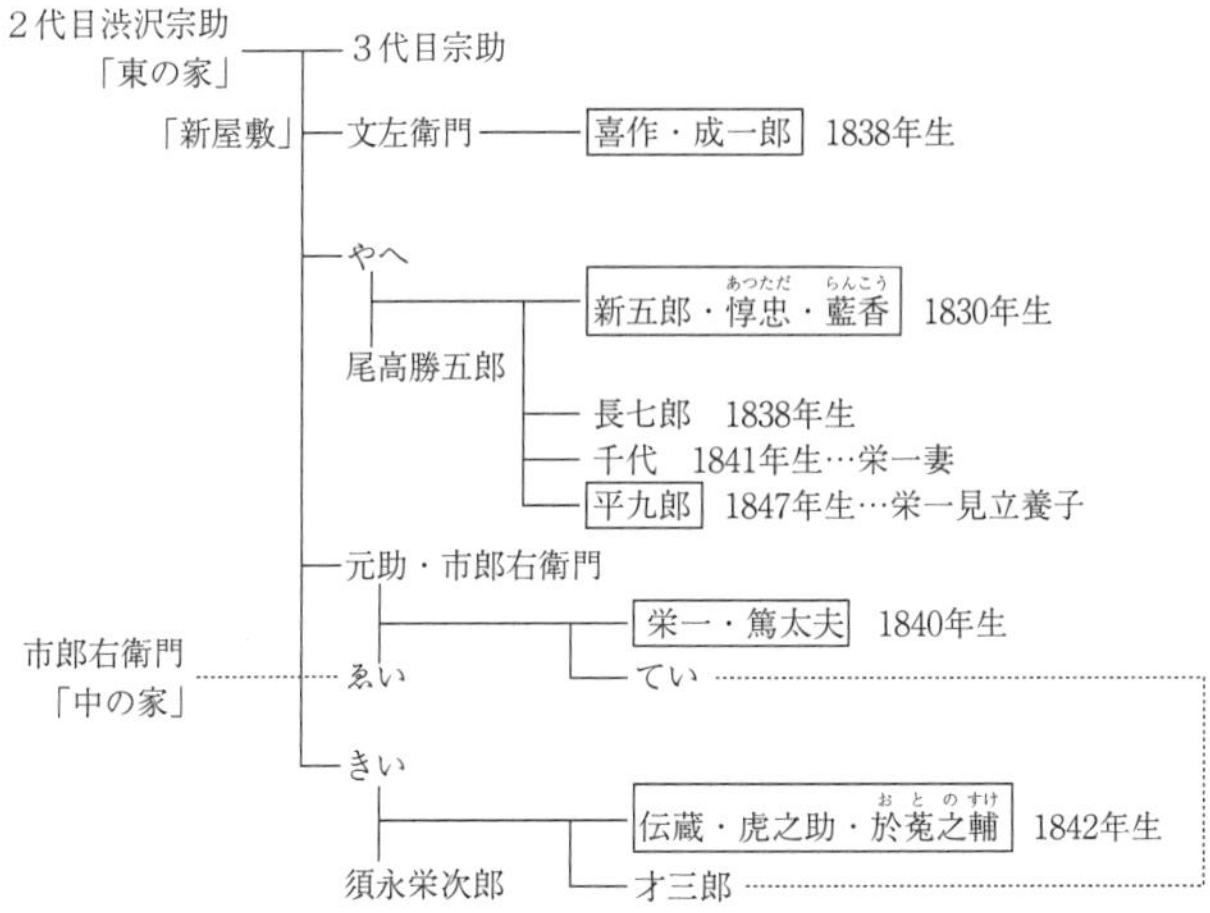

渋沢栄一とその一族（関一成氏作成の系図を参考に作成）

ら持することは謹厳であって、人に接することは恭謙であった」（＊2）

　渋沢家の発展は妻の栄に負うところも大であった。余談だが、筆者はこの記述で伊能忠敬の連れ合いが悪妻であったらしいことを知った。

　栄一の父市郎右衛門による渋沢家（中ノ家）の再興は藍玉の商いに拠ったがそれは利根川の氾濫によってこの辺りの土壌が特殊だったからに外ならない。砂は多いながら適度な粘土を含みタデ藍の生産に適していた。江戸からの帰り舟が、魚肥を積んで戻ってきたことも藍生産にはずみをつけた。関東平野の「湊」町（深

渋沢栄一生家　© 京浜にけ

谷中瀬）が生んだ商品作物の傑作が藍だった。
藍の生産は、四国阿波でも盛んだった。吉野川が利根川と同じ役割を果たした。阿波藍そして深谷の武州藍が江戸期の藍の二大ブランドであった。
栄一の育った中ノ家は栄一の生家として保存公開されている。邸の裏手には小さな池があり、それが栄一の号である「青淵」の由来である。

＊1：他にも赤城山の霊（鬼）が戦いで片腕を失いこのあたりで血を洗ったからついた地名などといった伝承もある。
＊2：幸田露伴、『渋沢栄一伝』、渋沢青淵翁記念会、1939年、10頁

第3節　渋沢栄一記念館　その1　人間万事塞翁が馬、倒幕のテロリストから幕臣へ

渋沢家は、藍玉で財を成したことで、藩（岡部藩）からも一目置かれる存在となり、名主となった。名字帯刀は許されたが逆に御用金の供出が強要された。栄一、17歳の時（安政3年）、岡部藩岡部陣屋に呼び出され、500両の拠出が命じられた。父市郎右衛門の代理として出かけたこともあって、即答できないと応じると激しく叱責された。渋沢家は、すでに2000両を超える額を御用金として納めていた（＊1）。

栄一は、この不合理な藩の要求に憤ったが父は栄一の怒りを鎮めて、要求額を捻出した。幸田露伴は当時の栄一の心の内を次のように書いている。

「質素倹約な合理的生活を重んじてゐた家庭に育った栄一である。不合理強要の承諾を余儀無くさるる時代の弊風に対して、なんで何等の批評が胸中に鬱蓄されずにあろう」（＊2）

岡部陣屋跡（深谷市岡部）
©M yanagisawa

このような経験があれば、反幕感情がおのずと生まれる。栄一には10歳年上の従兄弟・尾高新五郎（惇忠《あつただ》）がいた。剣術にも優れ水戸学派の影響を受けた勤王派だった。後述するように、幕末の混乱の中で、新五郎が栄一らと高崎城乗っ取りを熱く語ったのは彼らの影響だった（１８６３年）。

栄一19歳、新五郎29歳の時（安政5年：１８５８年）、藍玉の買い付けに２人で信州上田に旅した。藤岡、下仁田、内山峠、佐久から上田に入る行路だった。

筆者の日本の旅は車が中心である。殺風景な山の道のドライブも、かつてそこを駆け抜けた先人たちの旅を知っていると、ワクワクする。高速道路の整備で旧道を走ることは少なくなったが、そうした道をゆっくりと走り、先人の見ただろう風景を堪能するのも歴史好きの至福の時間である。

旅から帰ると２人は義兄弟になっていた。新五郎の妹千代と栄一の縁談がまとまっていたのである。当時はいとこ間の結婚は珍しいことではなかった。市郎右衛門は栄一の商才に期待していただけに早々に所帯を持たせ落ち着かせたかった。

しかし市郎右衛門の思惑を超えて、幕末の世は目まぐるしく動いた。

「栄一は結婚しても家庭の一善人たらんよりは天下の一志士たらん心に燃えていた。江戸へ出て文武の道を治め、天下の形勢をも知りたい念は火のやうだった」（＊3）

時代を受け身に生きながら家業の興隆を願う市郎右衛門は、栄一の江戸行きの願いを嫌った。しかし、栄一の強い願いを前にして、手綱をつけたままにすることは無理だと悟ると、家業がいささか暇になる春季であればという条件をつけて江戸行きを許した。文久元年（1861年）春、栄一21歳の時である（＊4）。

文久元年も、世を震撼させる攘夷の事件が起きた。英国は米国に続いて条約を結び、品川東禅寺に公使館を置いた。この公使館を水戸の勤王派浪士が襲った（第一次東禅寺事件）。当時の勤王攘夷派の中心は水戸学の盛んな水戸藩士であった。井伊直弼を襲ったのも水戸浪士であった（桜田門外の変：1860年）

栄一にはもう一人2歳年長の義兄長七郎がいた。江戸に暮らし水戸学に染まった勤王派だった。長七郎は、栄一を誘って原市之進（水戸藩士）を訪ねている。原は後に将軍となった慶喜の側近となる人物である。

栄一は、その後も、家業の合間を縫って江戸に出て、多くの勤王攘夷の志士との交流を深めた。そんな生活が続いていたが文久3年9月、遂に父に自由の身になりたいと切り出した。家督を辞したいので勘当してほしい、家督は妹に養子を迎えてほしい、と訴えた。市郎右衛門は翻意を試みたが明け方には遂に諦めた。

「市郎右衛門は、いや、今突然勘当しては却って人の怪み疑ふところとなろう、養子の事は急に定むるにも及ばぬことだ、流石に老巧の意見、一言に之を制して、さて汝は家を離れて差当り何事を為さうとするのかと問詰追及した」

「これには栄一も窮したが、もとより漏洩すべきことでは無かったから、遂に口を噤んで語らず、父の慈愛の深厚に感じて、一腔に謝意の涙を湛ふるのみであった」（＊5）

義兄らと熱く語ってきた倒幕のテロ計画はたとえ父であっても漏らせなかった。この頃の栄一は、水戸浪士と変わらないほどの狂信的な勤王攘夷の若者であった。

栄一は、1か月前の8月には従兄弟の尾高惇忠、渋沢長七郎、渋沢喜作らとテロの計画を練っていた。横浜の外国人居住区に火を放ち異人を屠り、更には高崎城を落として倒幕の本拠地にするという壮大なプランだった。

栄一は、父の許しを得ると直ちに江戸に向かい、テロの準備にかかった。この時期に一橋家に仕える平岡円四郎の知遇を得た。この出会いがその後の栄一そして従兄弟たちの運命を変えた。

横浜外人居留地・高崎城襲撃の計画は周囲の無謀との意見で取りやめになったが、栄一らの倒幕の思いは変わらなかった。文久3年11月、栄一と喜作は都の情勢の視察に京に向かった。嫌疑を受けた場合に備えて、平岡の妻を介して一橋家の家臣であることにしてもらって旅に出た。このころ平岡円四郎は主人慶喜とともに京に入っていた。

2人が京に入ると江戸から、長七郎が刃傷沙汰を起こし捕縛されたとの報が入った。長七郎は懐に栄一・喜作らと練っていた倒幕計画（テロ計画）の文書を所持していた。それが露見していた。

類が及ぶことを覚悟し善後策を考えている2人に平岡から話をしたいと連絡があった。すでに平岡のところに、2人についての問い合わせが来ていたのである。全てを話すようにとの平岡の言葉に2人は次のように答えた。

「我等二人は聊か志を抱いて国家に盡すつもりでおりましたが、今是の如くの境地に立って殆ど進退に窮して居ります」（＊6）

これに平岡は、「徒に国家の為を思ふと云っても一書生では真に国家の為にもなり兼ねる。豫て聞いてもゐようが、此一橋の君公（注：一橋慶喜）といふのは有為の君であり、今の幕府と此一橋とはおのずから相違もある。（中略）下一軽輩で辛抱する気なら、尽力してみよう」（＊7）と言って、2人を一橋家に仕官することを勧めた。

躊躇の気持ちはあったが2人は平岡の厚意を受けることを決めた。人生塞翁が馬とはこのことである。倒幕のテロリストが一橋家に仕官を決め、暫くして慶喜が将軍職に就くと、幕臣となるのである。

この後、2人は慶喜を支える忠臣となった。第8章で飯能戦争について書いた。喜作（成一郎）が慶喜の命を救おうと彰義隊を組織することになったのは、この時の恩義による。方針の違いで彰義隊からわかれた喜作が振武軍を率いて官軍と戦うことになった秩父戦争の経緯はすでに書いた。

＊1：幸田前掲書、29頁
＊2：同、30頁
＊3：同、32頁
＊4：同、34頁
＊5：同、55頁
＊6、7：同、79〜80頁

第4節　渋沢栄一記念館　その2　幕臣から近代資本主義の父へ

2人は、能力もあっただけに一橋家の中で次第に重要な役割を果たすようになる。1866年夏、14代将軍家茂の死去で、主君慶喜が将軍職に就いた。これによって倒幕のテロリストが将軍に仕える幕臣となった。栄一はこの年の9月陸軍奉行支配調役に抜擢された。

11月末、慶喜は弟の昭武を、パリ万博に派遣することを決めた。栄一は、随行の一人に命じられた。翌67年1月11日、昭武一行は横浜を発ちパリに向かった。上海、香港、シンガポール、セイロン、アデン、スエズ、カイロ、アレキサンドリア、マルセイユを経てパリに入った。

この頃スエズ運河は建設中であった。壮大な運河開削事業を見て陸路を北上した。この時の栄一の心象風景を幸田露伴は次のように書いている。

「二月二十一日、スエズに抵ったが、此時は、運河未だ開けず、百五六十里を掘鑿して、東西洋を通ぜんとする大計畫大事業の進行半途だった」

「(中略)印旛沼を江戸湾に通ぜしめんとするすら不成に終った小島國の栄一の血は如何に動き躍ったであらう」(＊1)

当時のパリは、ナポレオン三世の第二帝政時代であった。フランスが「イケイケ」の時代である。この三年後、自信過剰のナポレオン三世がプロシアを刺激して起こした普仏戦争で返り討ちにあい大敗する。その直前のフランスは自信に溢れた大強国であった。

そんなフランスの都パリを訪れることができた栄一はラッキーだった。日本は近代化しなければ何ともならないと身をもって悟った。

これ以後の渋沢の活躍については、渋沢史料館(東京都北区)のパンフレットによって簡略に記す。

「明治元年（1868年）11月帰朝、慶喜の謹慎する静岡藩に仕えて商法会所（わが国最初の官民合資会社）を起こし、その頭取になりました」

「翌明治2年11月、新政府に出仕を命ぜられて租税正となり、引き続き改正掛主任、紙幣頭、大蔵少輔等を歴任して、廃藩置県、暦法改正、銀行条例の制定等諸制度の改革に当たりましたが、明治6年（1873年）官を辞し、同年わが国最初の銀行を創立したのを始めとして実業界に身を投じました」

「爾来、大正5年（1916年）喜寿に達したのを機会として実業界を引退するまで44年間わが国産業経済界の指導者として活躍」した。

「東京市養育院等福祉事業の助成、実業及び女子教育の育成、日華・日米親善等世界平和の促進のため終生尽力して、昭和6年（1931年）11月11日永眠しました。時に91歳」

渋沢栄一という人物の人となりを知ることは日本人の常識的教養である。本章で

JR 深谷駅　PhotoNetwork / PIXTA

の描写だけでも十分に「渋沢通」である。２０２４年７月には栄一が、一万円札の顔になる。

栄一の出身地である深谷には先に紹介した生家だけでなく、渋沢栄一記念館がある。記念館では栄一の肉声が聞ける。いささか甲高い声に栄一の身体から溢れでるエネルギーを感じる。

栄一は、少年時代に四書五経に代表される古典を修めた。とりわけ彼は論語が好きである。会社経営は容易なことではない。何もかもが初めてのことが多い中で、彼は論語に代表される古典の言葉を頼りにして生きた。

先にＪＲ深谷駅は東京駅風だと書いた。

ホフマン輪窯　kazz zzak / PIXTA

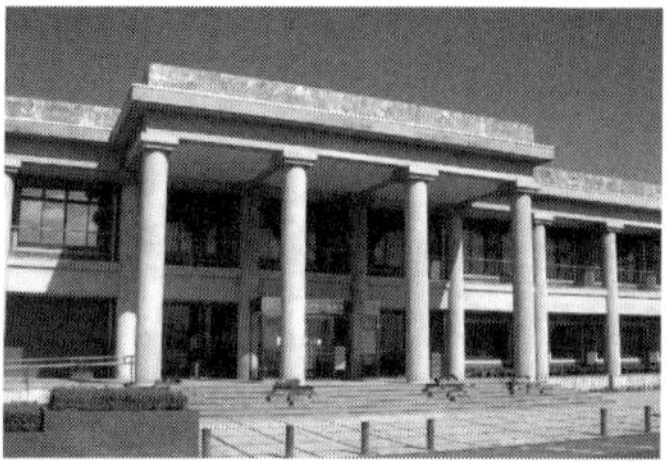

渋沢栄一記念館　提供：深谷市

ここにふんだんにレトロな赤煉瓦が使われているのには理由がある。明治維新後には多くの西洋式ビルが建てられた。大量のそして良質な煉瓦が必要となった。

そこで渋沢らは日本煉瓦製造株式会社を設立し、良質の粘土質の土が得られる榛沢郡上敷免村（現・深谷市上敷免）に工場を立てた。そこで焼かれた煉瓦が東京駅にも使われた。その縁で、深谷駅も赤煉瓦の駅舎となったのである。日本煉瓦製造は解散したが、煉瓦を焼いたホフマン輪窯は市の管理となって見学できる。

深谷駅から北に４km、渋沢栄一記念館からも東に４kmの距離にある。中瀬河岸からも南に３kmほどである。この近代産業遺跡にも足を運びたい。ここで作られた煉瓦は東京駅だけでなく、赤坂離宮（現・迎賓館）にも使われた。

＊1：幸田前掲書、146頁

山城の芸術品：杉山城址

ここまでの記述の中でも、中世の城をいくつか紹介した。それらは各章のテーマの中で登場する人物との関連での紹介だった。

筆者は取材旅行に出る際には、山城を予め探しておき、可能な限り登ることにしている。山城巡りには多くのメリットがある。山城とはいえ、領土の防衛のために築いているだけに市街地からそれほど遠くない。数百mの低山に築かれているからアクセスも悪くない。

町から近いところに立地し、本格的なハイキングの準備も必要なく手軽に登ることができる。滑らない靴とペットボトルの水だけで十分である。これに日除けの帽子と虫よけスプレーがあれば万全だ。

いささかの汗をかいて本丸（本郭）あるいは物見櫓まで登り切れば、絶景が待っている。山城は防衛の要であるだけに敵の動きを観察できるロケーションにある。

中世城郭の研究はこれまでは郷土史家が担ってきた。しかし近年は、学術機関による発掘調査も進み、その成果が著しい。ドローンを使ったレーザー照射による三次元解析技術も導入され、縄張りの姿を立体図として認識できるようになった。中世山城をビジュアルで正確にイメージできるのである。

縄張りとは、築城の場所を選定した後、地形に応じて構造物（堀、曲輪、土塁、館など）の配置を設計することである。城全体の設計構想図（見取り図）である。

城郭研究は城そのものの構造的・軍事的研究から、村や町の生活あるいは生産・流通との関連といった視点も加えた複合的考察に進化している。城郭研究はいま揺籃期である。

山城深訪は小難しいことを考えずに、気の向いたときにちょっと強めの散歩だと割り切るだけで十分に楽しいが、いささかの歴史知識でその楽しみは増す。

埼玉県嵐山町には、城郭研究者が高く評価する中世山城の最高傑作と言われる杉山城がある。全国の山城の中でも最も攻めにくい城であるらしい。

「（杉山城は）土の城の芸術品ともいわれる縄張りで知られる山城。遺構の残存状態は良好で、堀や土塁、馬出しなどが一目でわかる」（千田嘉博、歴史道Vol.17）

山城見学では基礎的用語を知っておくと便利である。前頁の描写もそうした用語を知ればよくわかる。
山城は全国に分布するがなにしろ500年以上前の構造物である。それだけに当時の形状がはっきりと残る杉山城はお勧めである。
先に、太田道灌が、主家である扇谷上杉家定正に謀殺されたと書いた。道灌は、定正に疑心暗鬼の気持ちを惹起させるほどの切れ者だった。右腕のような部下を定正自身に謀殺させた(1486年)のが本家筋山内上杉家の顕定だった。彼は越後上杉家から養子に入った人物だった。
道灌排除に成功した顕定は、直ちに行動を起こした。道灌謀殺の翌年(1487年)定正の

【中世山城の基礎用語】

縄張り(なわばり)
城の全体像の設計プランであり、城の構造そのものも意味する。

大手(おおて)と搦め手(からめて)
大手は街道に通じる谷筋や街道に面した城の正面。搦め手は城の背後。

犬走り(いぬばしり)
通路として使われる斜面に設けられた幅の狭い段。

曲輪(くるわ)
尾根や斜面に造成した平坦地で、敷地内を複数の小さな曲輪で区切るのが基本。

堀(ほり)
地面を溝状に掘削した防御施設で、山城では堀切(尾根筋を断ち切るように掘削)、竪堀(斜面を横方向に移動できないように縦に掘削)、横堀(曲輪を取り巻くように掘削)など、中世山城では水の入っていない空堀が一般的。

切岸(きりぎし)
曲輪の周囲を切り崩してつくった人工の急斜面。

虎口/小口(こぐち)
城内外への出入口。防御機能を高めるために、さまざまな工夫がある。

土塁(どるい)
曲輪や堀に付属して設けられた土手状の障壁のこと。

家臣の領土を襲った。これがきっかけとなり山内・扇谷両上杉家の全面対決となった。

ここに古河公方も介入した。この時期の公方は成氏の子・政氏であった。鎌倉復帰の野望を棄てていない政氏は扇谷上杉に加勢した。

古河公方の支援を得て定正は山内上杉勢に連戦連勝した。家臣団は時機を見て和睦交渉も考慮するよう献言したが定正は聞かなかった。勝勢に驕った定正の頑なな態度に古河公方も愛想を尽かし敵方に寝返った。扇谷の家臣団も次第にばらばらになった。この時、扇谷上杉に加勢し、関東進出の足がかりを摑んだのが北条早雲だった。

１４９４年、扇谷家定正が落馬によって死ぬと朝良が跡を継いだ。

１５０４年、両家は立河原（現・立川市）で衝突した。北条早雲らの支援を受けた朝良が勝利した。しかし、北条そして同じく加勢に入っていた駿府の今川勢が帰還すると顕定が反転攻勢に出た。顕定には、越後守護代長尾能景（上杉謙信の祖父）が加勢していた。

１５０５年、顕定と能景は川越城を攻め、朝良を降伏させた。山内・扇谷両家の壮絶な戦い（長享の乱）は終結した。

杉山城はこの両家対立の時代に山内上杉家によって築かれた。このことが明らかになったのは平成期に実施された発掘調査による。杉山城は、地形を巧みに利用した縄張りの見事な城であった。そのためそうした築城法で知られていた北条（後北条）の城だと考えられていた。

ところが発掘された陶磁器やかわらけの破片から築城年代は、北条氏が関東を制圧する少し前の時期（15世紀後半から16世紀前半）であることがわかった。その結果、山内上杉家による築城であると結論が出た。

杉山城は、山内上杉勢力が拠点にした鉢形城から東南東におよそ13kmのところにある。杉山城から、更に南東に25km進めば扇谷上杉勢力の拠点川越城である。杉山城は、扇谷上杉の攻撃のための出城的な機能を持っていた。

杉山城址は、ボランティアの努力もあって、雑木や下草がきれいに除去され、尾根を効果的に利用した中世山城の特徴が一目でわかる。

無料駐車場から玉ノ岡中学校校舎脇をゆっくり登っていくと大手口に着く。そこからの登攀路はよく整備され本郭跡まで続く。杉山城の郭の数は全部で10である。

本郭からの見晴らしは素晴らしい。空気が澄んでいれば北に日光男体山を見る。目を下にやれば鎌倉街道（上道）が北西から南東に走っているのが見える。初夏には本

杉山城址（嵐山町）
（筆者撮影）

廓の西にヤマユリが咲く。

杉山城から南に1・5㎞のところに志賀堂沼公園がある。別のコラムで行田市の古代蓮について書いたがここにも蓮池があり、7月初めころにはおよそ1400株の蓮が白やピンクの花を咲かせる。初夏の訪問であれば、ヤマユリとダブルで楽しめる可能性もある。

かつては歴史に強いことそして花に詳しいことが教養人への第一歩とみなされた。教養は人生を楽しむためのものである。開花シーズンには杉山城址とペアで訪れたい。

【第７章】
城ヶ崎海岸のポットホール（静岡県伊東市）

【第８章】
寛永寺〔大慈院〕（東京都台東区）

【第９章】
義仲寺（滋賀県大津市）
熊野本宮（和歌山県田辺市）
熊野速玉大社（和歌山県新宮市）
熊野那智大社（和歌山県東牟婁郡那智勝浦町）
円城寺〔三井寺〕（滋賀県大津市）
以仁王墓所〔高倉神社内〕（京都府木津川市）
依田城（長野県上田市）
法住寺（京都市東山区）
義仲寺の義仲の墓所（滋賀県大津市）
衣笠城（神奈川県横須賀市）

【第 10 章】
鎌倉永安寺跡（神奈川県鎌倉市）
国清寺跡（静岡県伊豆の国市）
安王丸、春王丸の墓（岐阜県垂井町）
江島神社（神奈川県藤沢市）
新宿中央公園の太田道灌像（東京都新宿区）
面影橋（東京都豊島区）

埼玉県外の史跡リスト

【第1章】
平泉衣川館（岩手県西磐井郡平泉町）
宗光寺（栃木県真岡市）
久能山東照宮（静岡市駿河区）

【第2章】
坐摩神社（大阪市中央区）
晴明神社の一条戻り橋（京都市上京区）
三十三間堂（京都市東山区）
多田神社（兵庫県川西市）
小童寺（兵庫県川西市）
沙沙貴神社（滋賀県安土町）

【第3章】
出雲大社（島根県大社町）
稲佐の浜（島根県大社町）
明治神宮（東京都渋谷区）

【第4章】
日光東照宮（栃木県日光市）
小夜の中山（静岡県掛川市）
多太神社（石川県小松市）
筑波山神社（茨城県つくば市）

【第5章】
富雄丸山古墳（奈良県奈良市）
備中高松城址（岡山市北区）
小田原城（神奈川県小田原市）
醍醐寺（京都市伏見区）

【第6章】
伊勢神宮内宮別宮の倭姫宮（三重県伊勢市）
飯野山神社（宮城県石巻市）
遠流志別石神社（宮城県登米市）
御崎神社（宮城県気仙沼市）
白鳥神社（宮城県村田町）
熱田神宮（愛知県熱田区）
焼津神社（静岡県焼津市）
袖ヶ浦（千葉県袖ヶ浦市、習志野市）
鹿野山神社近くの阿久留胴塚（千葉県君津市）
八溝嶺神社（茨城県太子町）
総社宮（茨城県石岡市）
白鷺神社（栃木県三川町）
鷲神社（東京都台東区）
花園神社（東京都新宿区）
葛西神社（東京都葛飾区）
大鳥神社（東京都目黒区）
甲斐銚子塚古墳（山梨県甲府市）

人名索引

渡辺惣樹（わたなべ そうき）

日本近現代史研究家。北米在住。1954年静岡県下田市出身。1977年東京大学経済学部卒業。著書に『日本開国』『日米衝突の根源 1858-1908』『日米衝突の萌芽 1898-1918』（以上、草思社）、『アメリカ民主党の欺瞞 2020-2024』（PHP研究所）、『英国の闇チャーチル』『公文書が明かすアメリカの巨悪』『戦後支配の正体 1945-2020（宮崎正弘氏との共著）』『教科書に書けないグローバリストの近現代史（茂木誠氏との共著）』『世界史を狂わせた女たち』（以上、ビジネス社）、『「正義の戦争」は嘘だらけ！ーネオコン対プーチンー（福井義高氏との共著）』（ワック）、『謀略と捏造の二〇〇年戦争　釈明史観からは見えないウクライナ戦争と米国衰退の根源（馬渕睦夫氏との共著）』『虚像のロシア革命』（以上、徳間書店）など多数。訳書にハーバート・フーバー『裏切られた自由（上・下）』、スティーブン・キンザー『ダレス兄弟』、チャールズ・カラン・タンシル『裏口からの参戦（上・下）』（以上、草思社）など。

YouTube『そうきチャンネル』
https://www.youtube.com/@watanabesouki

史跡は語る　武蔵国（埼玉）編
教科書が伝えない歴史考察

第1刷　2023年11月30日

著　者／渡辺惣樹

発行者／小宮英行
発行所／株式会社徳間書店
〒141-8202　東京都品川区上大崎3-1-1 目黒セントラルスクエア
電話　編集 03-5403-4344／販売 049-293-5521
振替　00140-0-44392

印刷・製本／大日本印刷株式会社

ISBN978-4-19-865715-4